W0049727

★ ★ ★ Männer mögen ★ ★ ★

BURGER

Das ultimative Burger • Grillbuch

★ ★ ★ Männer mögen ★ ★ ★
BURGER
Das ultimative Burger • Grillbuch

Andrea VERLAGsGmbH

Genehmigte Ausgabe für die Andrea VerlagsGmbH
www.andrea-verlag.de
ISBN 978-3-86405-083-1

Cover: Andrea VerlagsGmbH
Texte und Rezepte: Sabine Durdel-Hoffmann, Elke Eßmann, Brigitte Lotz
Beratung: Burkhard Schröger
Fotos: TLC Fotostudio (Rezeptfotos); Fotolia.com: © ivanbaranov (Illustrationen), © SP-PIC (Holzhintergrund)

★★★ Männer mögen ★★★
BURGER

Das ultimative Burger • Grillbuch

VORSICHT HEISS!

herzhaft und fruchtig - mit und ohne Fleisch

INHALT

EINLEITUNG

Der klassische Burger, nach guter amerikanischer Tradition und allen Regeln der Kunst zubereitet, ist rund um die Welt an Beliebtheit nicht zu übertreffen. Denn nur die besten Zutaten werden verwendet, und die Summe seiner Bestandteile macht ihn unwiderstehlich. Unglaublich variantenreich ist die Genuss-Ikone inzwischen geworden – die perfekte Mahlzeit für Groß und Klein!

Traditionelle Beilagen wie Home Made Fries, Wedges oder Cole Slaw machen eine runde Sache geschmacklich noch ein Stück weit runder. Leckere hausgemachte Burger-Brötchen, Ketchup, Saucen und Dips setzen dem Genusserlebnis die Krone auf.

Wer einmal etwa in New York in einem guten amerikanischen Burger-Restaurant wie Shake Shack, P. J. Clarke's oder Bill's Bar and Burger einen nach allen Regeln der Kunst frisch zubereiteten Burger genießen durfte, weiß, von welchem kulinarischen Erlebnis hier die Rede ist. Es schwirren fast so viele Storys um die Entstehung des Hamburgers herum, wie es heute Rezepte gibt. Als Herkunftsort des gegrillten oder gebratenen runden Fleischstücks in einem Brötchen nennen nahezu alle Hamburg, das deutsche Tor zur Welt. Durch dieses verließen bereits im 18. Jahrhundert viele Auswanderer Europa, um nach wochenlanger Seereise eine neue Heimat zu finden. Um sich noch einmal zu stärken und auch als Reiseproviant bediente man sich einer Hamburger Spezialität, des Rundstücks (Brötchens), gefüllt mit einer Scheibe Braten oder einer Scheibe gewürzten, gebratenen Hackfleisches und mit Sauce. Das machte satt, hielt eine Weile und ließ sich bequem aus der Hand verzehren. Das Gericht mundete wohl damals schon sehr gut.

Wieder über den Hamburger Hafen soll Rindfleisch nach Amerika verschifft worden sein, denn Rindfleisch war in der Neuen Welt Mangelware – es gab ja noch keine Rinderherden. Das englische „hamburger" bezeichnete im Übrigen ursprünglich mageres Rinderhackfleisch. Wann genau und wo nun welcher Restaurant- oder Imbissbudenbesitzer in Amerika den Hamburger in der Form, wie wir ihn heute kennen, erfunden haben mag, darüber scheiden sich die Geister: Ob es das Nobelrestaurant „Delmonico's" in New York, Charlie Nagreen, Fletcher Davies, die Gebrüder Menches in Erie County, Louis Lunch in New Haven oder andere waren, bleibt dahingestellt – wahrscheinlich lag der Burger an vielen Orten zugleich und in ähnlicher Form im wahrsten Sinne des Wortes auf der Hand.

Fest steht jedenfalls, dass der Burger in Amerika zu Beginn des 20. Jahrhunderts ein verbreitetes, überaus beliebtes Gericht war. Der Hamburger war ursprünglich alles andere als fragwürdiges Fast Food – der Grundstein zu dieser Reputation wurde, wieder in Amerika, in den 1940er- und 1950er-Jahren von späteren Restaurantketten gelegt, die Zubereitung und Verkauf standardisierten. Kenner haben sich aber längst auf die Ursprünge besonnen und erkannt, dass ein frisch zubereiteter Hamburger mit besten Zutaten geschmacklich eine Offenbarung sein kann: Die Kombination von gegrilltem, gewürztem Fleisch, knackig-frischem Gemüse und aromatischen Saucen, Beilagen oder Dips ist einfach lecker. Und die Kombinationsmöglichkeiten sind so vielfältig, dass immer wieder ein neues Gericht auf den Tisch kommt.

Die Restaurantszene und Grillfreunde haben die amerikanische Tradition des fachkundig gegrillten Burgers längst wieder aufgegriffen und locken mit fantasievollen Kreationen Burger-Fans aller Altersklassen. Bei den Rezepten lässt sich der amerikanische Ursprung nicht verleugnen, ist aber längst erweitert worden, und sogar Sterneköche in aller Welt bedienen sich nur zu gern des Erfolgsmodells. Es ist – wo auch immer die Wurzeln tatsächlich liegen – heute beliebter denn je. **Enjoy!**

ZUBEREITUNG & ZUTATEN

Was macht einen guten Grillburger aus?
Zunächst einmal werden „Hamburger" und „Cheeseburger" unterschieden: Ein Cheeseburger zeichnet sich, wie der Name schon sagt, durch die Beigabe einer oder mehrerer Scheiben Käse aus. Wir haben im Folgenden nicht streng untergliedert. Denn letzten Endes entscheidet immer der Genießer, ob, welchen und wie viel Käse er auf seinem Grillburger mag. Ein Basisrezept zum „Klassiker", dem Hamburger, finden Sie auf der Seite 26.
Grundsätzlich kann sich ein Grillburger aus verschiedenen – variablen – Komponenten zusammensetzen:

• Fleisch oder vegetarische Zutaten für die sogenannten **„Pattys"** (zum Beispiel Rind, Schwein, Lamm, Geflügel, Fisch und Meeresfrüchte, Bulgur, Tofu)

• Brötchen, die sogenannten **„Buns"** (zum Beispiel Weizen-, Roggen-, Mehrkorn- oder Ciabattabrötchen, auch Brioches oder Fladenbrot)

Und für die **„Toppings"**:

• Salat, Gemüse, Obst

• Käse (zum Beispiel Blauschimmelkäse, Brie, Camembert, Cheddar, Feta, Gouda, Gruyère, Halloumi, Manchego, Mozzarella, Provolone, Taleggio, Ziegenkäse)

• Dressing, Marinade, Pesto, Tapenade, Mayonnaise, Senf, Ketchup, Chutney, Relish und mehr

• Kräuter und Gewürze

Einen leckeren Grillburger selbst zuzubereiten ist kein Hexenwerk, auch wenn die Zutaten und kunstvollen Arrangements in Burger-Restaurants dies vermitteln mögen. Die Utensilien und Zutaten sind weitestgehend in jedem Haushalt vorhanden. Allerdings ist ein wenig Grundwissen bei der Zubereitung aller Bestandteile Voraussetzung für das Gelingen.

> Unser „Baukastensystem" macht die Zubereitung einfach und eröffnet zugleich unendlich viele Kombinationsmöglichkeiten. Und Sie werden sehen: Es ist ebenso leicht, selbst einmal nach Herzenslust kreativ zu kombinieren.

Der Grill
Ob Holzkohlegrill, Gas- oder Elektrogrill, ob offener oder geschlossener Grill, ob Keramik- oder Edelstahlgrill: (Fast) jeder hat einen Grill zu Hause. Im Prinzip lassen sich Burger beinahe auf jedem Grill zubereiten, auch in der gerillten Grillpfanne bzw. gusseisernen Pfanne. Sie können den Burger zum Beispiel in der Pfanne anbraten und im vorgeheizten Backofen in 20–25 Minuten bei 180 °C fertig garen (je nach Zutaten und Garwunsch).
Ob Sie auf dem Grill Kohle oder Briketts verwenden, bleibt Ihnen überlassen: Kohle entwickelt schneller Glut, Briketts brauchen mehr Zeit zum Durchglühen, halten die Glut dafür aber auch länger.
Wir haben uns bei der Zubereitung unserer Rezepte für den **klassischen Holzkohlegrill mit Kohle** (nicht Briketts) entschieden, weil

• Pattys als kleineres, flaches Grillgut sich für das **kurze direkte Grillen** über der Kohle empfehlen, sie werden zügig sehr heiß, es entsteht so eine knusprige Kruste, und ihr Inneres gart, bleibt aber zart

• **Holzkohle** den Grillburgern das einzigartige Rauch- und Röstaroma verleiht, das sie so unwiderstehlich macht

• last, but not least: Grillen auf traditionelle Weise für eine entspannte Atmosphäre sorgt.

Das Zubehör

Um Pattys zu grillen, benötigen Sie im Prinzip die gleichen Utensilien, mit denen Sie auch anderes Grillgut verarbeiten. Manche davon sollten allerdings möglichst in doppelter Ausführung vorhanden sein.

- Holzkohlegrill, Holzkohle, Anzünder
- Burgerpresse: Hier scheiden sich die Geister – wer absolut gleichmäßig geformte Hackfleisch-Pattys bevorzugt, verwendet eine Presse. Es geht auch ohne …
- Grillhandschuhe, Schürze, Küchenkrepp zum Schutz und gegen Schmutz
- Grillbürste mit Drahtborsten, um den Rost vor Gebrauch einwandfrei zu reinigen, damit der Burger nicht am Rost „klebt" oder Schmutzpartikel am Burger anhaften
- Grillzange zum Rangieren der Kohle
- möglichst mehrere Pfannenwender für unterschiedliches Grillgut
- Beistelltisch zum Grill für das Grillgut und die Utensilien
- mehrere Teller zum Ablegen von Grillgut und verwendeten Utensilien
- hitzebeständiges Öl (Pflanzenöl) und Pinsel zum Einölen des Grillrosts
- Pinsel zum Bestreichen des Garguts
- alle Gewürze, Glasuren und andere Zutaten, die bereits beim Grillen auf dem Grillburger verteilt werden sollen

Die Zutaten

Einige Voraussetzungen müssen gegeben sein, damit sich ein Grillburger in Geschmack und Konsistenz von Fertigprodukten etwa aus Fast-Food-Ketten unterscheidet. Das A und O sind die qualitativ guten Zutaten.

FLEISCH

Der klassische Burger wurde mit gewolftem (= gehacktem) Rindfleisch zubereitet – medium gebraten –, aber die Zutatenpalette ist längst erweitert worden, bis hin zu exotischeren Zutaten wie etwa Straußenfleisch. Das verwendete Fleisch

(ganz gleich, ob Sie es gewolft oder im Ganzen verwenden) für die Pattys sollte jedoch immer einen bestimmten Fettgehalt (etwa 18–20 Prozent) haben; so bleibt auch das verarbeitete Fleisch saftig. Fett sorgt bei Fleisch darüber hinaus für den „Fleischgeschmack" und ist überdies Geschmacksträger für andere Aromen. Bio-Fleisch, dessen Herkunft und Qualität Sie sicher bestimmen können, gibt es vor allem auf Bio-Höfen in Ihrer Nähe und bei Ihrem Metzger. Vor allem gewolftes Fleisch sollte in jedem Fall frisch sein, es muss kühl transportiert und gelagert sowie zügig nach dem Kauf oder der eigenen Zubereitung verarbeitet werden, um keinen Nährboden für Bakterien zu bieten. Bitten Sie den Metzger Ihres Vertrauens, Ihnen Fleisch Ihrer Wahl frisch durchzuwolfen, dann können Sie in jeder Hinsicht sicher sein. Bitten Sie ihn auch, das Hackfleisch beim Verpacken nicht zusammenzupressen: So fällt Ihnen die Verarbeitung leichter, die Zutaten lassen sich gleichmäßig damit vermischen, und der Burger wird später nicht zu fest. Zu beachten ist auch, dass Hackfleisch am besten durchgegart werden sollte. Sie können auch verschiedene Fleischsorten kombinieren wie etwa Lamm und Rind, Schwein und Lamm, Kalb und Rind oder Rind und Schwein. Die Zugabe von einem Ei und Paniermehl macht den Teig lockerer, ist aber nicht jedermanns Geschmack. Sie können auch nur ein Ei verwenden statt zwei, wie in den Rezepten angegeben. Erweist sich der Teig als zu feucht, verwenden Sie mehr Paniermehl – da ist ein wenig Fingerspitzengefühl erforderlich. Mie de Pain (fein geriebenes Weißbrot ohne Rinde) hat eine feinere Struktur.

Für die Zubereitung von Grillburgern können Sie im Prinzip alle Teile eines Tieres verwenden. Sie können anstatt Hackfleisch auch Hähnchenbrustfilets oder andere zarte Fleischstücke im Ganzen, also ungewolft, im Burger genießen, bei Fisch empfiehlt es sich sogar. Ob Sie lieber mageres Filet und da auch noch edles Wagyu-Fleisch wolfen wollen, ist eine Geschmacks- und Preisfrage. Fleisch und Fisch können vor ihrer Verarbeitung auch mariniert werden.
Einige Teile empfehlen sich jedoch besonders:

Rind

Das Fleisch sollte gut abgehangen sein und eine saftig-rote Färbung mit feiner Fettmaserung zeigen. Hier eignen sich zum Beispiel Flanke, Entrecôte, Roastbeef oder auch Nacken. Im Prinzip können Sie verwenden, was Sie mögen, doch je magerer das Fleisch an sich ist, über desto mehr Fettgehalt sollten die anderen Zutaten für die Pattys verfügen.

Kalb

Kalbfleisch ist hellrosa und von feiner Struktur; da es fein im Geschmack ist, sollte es vorsichtig gewürzt werden. Für die Herstellung von Grillburgern eignen sich etwa Schulter und Hüfte.

Schwein

Sein Fleisch ist idealerweise von frischem Rosa und gleichmäßig leicht marmoriert. Rücken, Bauch, Vorder- oder Hinterbeine – hier kommt es im Wesentlichen darauf an, wie fett Sie Ihren Grillburger mögen.

Lamm

Frisches Lammfleisch sollte samtig-rot mit weißem Fett sein. Verwenden Sie zum Beispiel Schulter oder Rücken. Lammfleisch hat einen intensiven, kräftigen Eigengeschmack und verträgt mehr bzw. hocharomatische, kräftige Gewürze und Kräuter.

Wild

Hier kommt es darauf an, ob Sie sich für Hirsch, Reh, Wildschwein, Kaninchen oder andere Wildarten entscheiden, fragen Sie Ihren Metzger. In jedem Fall hat das Fleisch einen kräftigen Eigengeschmack, dem bei der Zubereitung von Grillburgern Rechnung getragen werden sollte.

Geflügel

Ob Hähnchen, Pute, Ente oder Gans – das feine Fleisch der Brustfilets (am Stück oder vom Metzger gewolft) ist am beliebtesten. In jedem Fall gilt: Geflügelfleisch zügig verarbeiten und die benutzten Küchengeräte nicht für andere Zubereitungen nutzen, sondern erst einmal gründlich reinigen.

Fisch

Fisch und Meeresfrüchte können Sie selbstverständlich auch wolfen. Zu beachten ist jedoch, dass diese Grillburger leicht zerfallen können. Deshalb empfiehlt es sich, Fische bzw. Fischfilets und Meeresfrüchte alternativ als Ganzes oder Filet auf dem Grillburger zu genießen. Wählen Sie fettreiche und zugleich festfleischige Arten (Lachs, Heilbutt, Schwertfisch, Seebarsch, Thunfisch), damit der Burger nicht zu trocken wird, und natürlich Meeresfrüchte (zum Beispiel Tintenfische, Miesmuscheln, Austern, Jakobsmuscheln) ohne Schale. Vor der Verarbeitung können Sie diese unter anderem köstlich marinieren.

BRÖTCHEN

Die Buns sorgen nicht nur für den richtigen Rahmen – sie sind mehr als Beiwerk und müssen deshalb ein kleines Wunder vollbringen: Weich genug sollten sie sein, damit beim Biss in den Burger aus der Hand nicht alles verrutscht und auseinanderfällt. Zugleich sollen sie so feinporig-dicht sein, dass sie nicht zu viel Flüssigkeit aufsaugen und matschig werden.

Neben dem Klassiker, dem Weizenbrötchen (mit oder ohne Sesam, Rezept Seite 15), „dürfen" alle Brötchensorten verwendet werden, solange sie die oben genannten Voraussetzungen erfüllen. Wer es etwas herzhafter mag, entscheidet sich für ein Roggenbrötchen (Rezept Seite 15), wer das Mediterrane bevorzugt, für ein Ciabattabrötchen (Rezept Seite 15). Sie können auch gekaufte Buns verwenden, die inzwischen im breit sortierten Lebensmittelhandel in guter Qualität angeboten werden. Oder Sie verwenden Kaiser-Brötchen, Brioches oder herzhafte Laugenbrötchen, indisches Naanbrot, türkisches Fladenbrot oder einfach dicke Weißbrotscheiben – der Fantasie sind keine Grenzen gesetzt. Alle Varianten sollten aber nicht zu knusprig sein.

Kleiner Tipp gegen das Verrutschen der Burger-Bestandteile: vor dem Servieren einen Holzspieß mittig hineinstecken.

TOPPINGS, DRESSINGS, GEWÜRZE & MEHR

Was auf den Burger kommt, bestimmen allein Sie, und die Möglichkeiten sind unendlich. Die Zutaten können auch noch durch ihre Zubereitungsart zusätzliche Aromen einbringen:

Gewürze können **angeröstet**, **Gemüse gegrillt**, **Zwiebeln frittiert** oder **karamellisiert** werden, um nur einige Beispiele zu nennen. Wählen Sie zwischen unterschiedlichen Senf-, Ketchup- oder Mayonnaisesorten.
Käse sollte anschmelzen und seine Aromen entfalten, aber nicht völlig zerlaufen, von daher sind manche Käsesorten nicht so geeignet wie andere. Auch Käsezubereitungen mit fester Konsistenz (zum Beispiel Obazda) können eine Option sein, dazugereichte saure Sahne oder Kräuterquark eine weitere.

Angaben zu Fleischdicke, Grillzeiten sowie passende Gewürze finden Sie auf den Einleitungsseiten der einzelnen Kapitel. Auf den Seiten 15 bis 23 haben wir einige Grundrezepte zusammengestellt, die in unseren Rezeptvorschlägen variiert werden.
Aber werden Sie doch selbst kreativ – wie es auf vielen Speisekarten so schön heißt:
Build your own burger!

Tipps & Tricks

Um leckere Grillburger genießen zu können, sollten Sie einige Hinweise beherzigen:

- Der Grillanzünder muss vollständig abgebrannt sein, damit das Grillgut keinen chemischen Geschmack annimmt.

- Das Grillgut nicht auf den Rost legen, solange Flammen züngeln – das ist nicht nur gefährlich für die Umstehenden, sondern verbrennt auch das Fleisch und macht es ungenießbar.

- Den Rost vor dem Grillen mit hitzebeständigem Pflanzenöl bepinseln, damit die Pattys nicht kleben.

- Das praktische „Baukastensystem" nutzen: Sie mögen ein Patty aus dem Rindfleisch-Kapitel besonders gern, möchten aber ein Topping aus dem Schweinefleisch-Kapitel ausprobieren oder dazu leicht abwandeln? Welche Buns Sie mit welchen Pattys und Toppings kombinieren, bleibt Ihnen überlassen.

- Aufwendigere Toppings vor dem Grillen vorbereiten und warm / kalt stellen bzw. die vorbereiteten Burger in Frischhaltefolie wickeln und kühl stellen, während Sie die Toppings zubereiten. Für vorbereitende Arbeiten lassen sich Einweich- und Marinierzeiten sehr gut nutzen!

- Ein Teig ist sehr locker geraten (etwa, wenn Sie noch nicht das richtige Fingerspitzengefühl für die Verwendung von Paniermehl und Ei entwickelt haben), und Sie haben Sorge, dass er auf dem Grill zerfällt: In Frischhaltefolie wickeln und vor dem Grillen kühlen, dann hält das Patty besser zusammen.

- Pattys möglichst nur einmal wenden, damit sie nicht trocken werden oder zerfallen. Dazu immer einen Pfannenwender benutzen. Haben Sie Geduld! Geben Sie dem Patty genügend Zeit, dann löst es sich wie von selbst vom Rost.

- Die Pattys auf dem Grill nicht mit dem Pfannenwender flach drücken! Das Fleisch wird dann trocken.

- Fisch in Alufolie oder in einem Fischkorb grillen, damit er nicht zerfällt.

- Grundsätzlich eher vorsichtig würzen, da sich die Würzkraft erst beim Erhitzen entfaltet.

BURGER-BUNS

WEIZEN-BUNS

CIABATTA-BUNS

ROGGEN-BUNS

WEIZEN-BUNS

Für 10-12 Buns, Zubereitungszeit: ca. 20 Minuten (plus Ruhe- und Backzeit und Zeit zum Gehen)

PRO BUN
ca. 211 kcal/883 kJ, 7 g E, 7 g F, 31 g KH

ZUTATEN
ca. 200 ml Milch
50 g Butter
500 g Weizenmehl (Type 405)
1 Würfel frische Hefe (ca. 40 g)
1 Ei
1 Tl Salz
1 Prise Zucker
1 Eigelb
Sesam zum Bestreuen

1| In einem kleinen Topf die Milch mit der Butter erwärmen, sie darf nicht kochen. Währenddessen das Mehl in eine Schüssel füllen und in die Mitte eine Vertiefung drücken. Die Hefe hineinbröckeln.

2| Die warme Milch-Butter-Mischung nach und nach über die Hefe gießen, währenddessen mit dem Mixgerät (Knethaken) auf langsamer Stufe mittig einen Vorteig anrühren. Die Schüssel mit einem sauberen Küchentuch abdecken und den Teig an einem warmen Ort etwa 10 Minuten gehen lassen.

3| Ei, Salz und Zucker zum Vorteig geben und so lange rühren, bis der Teig Blasen wirft und sich vom Schüsselrand löst. Die Schüssel wieder abdecken und den Teig an einem warmen Ort nochmals 25 Minuten gehen lassen.

4| Den Backofen auf 200 °C (Umluft 180 °C) vorheizen. Den Teig mit bemehlten Händen kräftig durchkneten und in 12 Portionen teilen, diese zu Kugeln formen und auf einem mit Backpapier belegten Blech abgedeckt weitere 10 Minuten ruhen lassen. Danach etwas andrücken. Zwischen den Brötchen sollte aber noch genügend Platz sein, denn sie gehen beim Backen auf.

5| Die Brötchen mit verquirltem Eigelb bepinseln und nach Belieben mit Sesam bestreuen. Im vorgeheizten Ofen 20 Minuten backen, sie sollten nicht zu dunkel und zu knusprig werden.

Die Brötchen sollten frisch verzehrt werden.

ROGGEN-BUNS

Für 10-12 Buns, Zubereitungszeit: ca. 20 Minuten (plus Ruhe- und Backzeit und Zeit zum Gehen)

PRO BUN
ca. 183 kcal/766 kJ, 6 g E, 5 g F, 28 g KH

ZUTATEN
200 ml Milch
50 g Butter
300 g feiner Roggenschrot
200 g Weizenmehl (Type 550)
1 Würfel frische Hefe (41 g)
1 Ei, 1 Tl Salz
1 El Zuckerrübensirup oder Apfelmus

1| In einem kleinen Topf die Milch mit der Butter erwärmen, sie darf nicht kochen. Währenddessen das Mehl in eine Schüssel füllen, gut mischen und in die Mitte eine Vertiefung drücken. Die Hefe hineinbröckeln.

2| Die warme Milch-Butter-Mischung nach und nach über die Hefe gießen, währenddessen mit dem Mixgerät (Knethaken) auf langsamer Stufe mittig einen Vorteig anrühren. Die Schüssel mit einem sauberen Küchentuch abdecken und den Teig an einem warmen Ort etwa 10 Minuten gehen lassen.

3| Ei, Salz und Sirup zum Vorteig geben und so lange rühren, bis der Teig Blasen wirft und sich vom Schüsselrand löst. Die Schüssel wieder abdecken und den Teig an einem warmen Ort nochmals 25 Minuten gehen lassen.

4| Den Backofen auf 200 °C (Umluft 180 °C) vorheizen. Den Teig mit bemehlten Händen kräftig durchkneten und in 12 Portionen teilen, diese zu Kugeln formen und auf einem mit Backpapier belegten Blech abgedeckt weitere 10 Minuten ruhen lassen. Danach etwas andrücken. Zwischen den Brötchen sollte noch genügend Platz sein, denn sie gehen beim Backen auf.

5| Im vorgeheizten Ofen 20 Minuten backen, während des Backvorgangs eine Schale Wasser in den Ofen stellen und die Brötchen auch immer wieder mit Wasser besprühen, damit die Kruste nicht zu knusprig wird, sie sollte eher weich bleiben.

Die Brötchen sollten frisch verzehrt werden.

CIABATTA-BUNS

Für 10-12 Buns, Zubereitungszeit: ca. 20 Minuten (plus Ruhe- und Backzeit und Zeit zum Gehen)

PRO BUN
ca. 161 kcal/674 kJ, 5 g E, 3 g F, 30 g KH

ZUTATEN
500 g Weizenmehl (Type 550) zzgl.
  Mehl zum Bestäuben
½ Würfel frische Hefe (ca. 20 g)
1 knapper El Salz
25 ml Olivenöl

1| Das Mehl in eine Schüssel sieben und in die Mitte eine Vertiefung drücken. Die Hefe hineinbröckeln und nach und nach etwa 300 ml warmes Wasser zugeben, dabei mit dem Knethaken des Mixgeräts einen Vorteig rühren. Die Schüssel mit einem sauberen Küchentuch abdecken und an einem warmen Ort etwa 20 Minuten gehen lassen.

2| Salz und Öl zum Vorteig geben und alles zu einem geschmeidigen Teig verkneten, der Teig bleibt sehr feucht. Wieder abdecken und bei Zimmertemperatur 12 Stunden, also am besten über Nacht, gehen lassen. So wird der Teig sehr luftig und grobporig.

3| Die Arbeitsfläche und den Teig mit reichlich Mehl bestäuben. Den Teig mithilfe eines Teigschabers immer wieder sehr vorsichtig teilen, sanft drücken und falten – die Luftigkeit soll erhalten bleiben. Nochmals abgedeckt 1 Stunde gehen lassen. Den Backofen auf 220 °C (Umluft 200 °C) vorheizen.

4| Den Teig vorsichtig in 12 Segmente teilen und zu Ciabattabrötchen formen. Auf ein mit Backpapier bedecktes Backblech legen, dabei genügend Zwischenraum zwischen den Brötchen lassen. Auf der unteren Schiene etwa 30 Minuten backen. Während des Backvorgangs immer wieder mit Wasser besprühen, damit die Brötchen saftig bleiben.

Die Brötchen sollten frisch verzehrt werden.

HOME MADE FRIES

Für 4 Portionen, Zubereitungszeit: ca. 15 Minuten
(plus Frittierzeit)

PRO PORTION
ca. 329 kcal/1377 kJ, 3 g E, 28 g F, 84 g KH

ZUTATEN
600 g Frittierfett
6 große Kartoffeln
Salz

1| Die Fritteuse vorheizen und das Frittierfett
hineingeben.

2| Die Kartoffeln schälen, waschen und in dicke
Stifte schneiden. Mit Küchenpapier abtupfen,
damit möglichst wenig Feuchtigkeit anhaftet.
Hat die Fritteuse eine Temperatur von 160 °C
erreicht, die Kartoffeln für 10 Minuten in das
Fett geben.

3| Die Kartoffeln herausheben und in ein großes,
mit Küchenpapier ausgelegtes Sieb füllen,
abtropfen lassen.

4| Die Temperatur der Fritteuse auf 180 °C
erhöhen und die vorgegarten Kartoffeln im
Fett in weiteren 5 Minuten goldbraun und
knusprig frittieren. Nochmals auf Küchenpapier abtropfen lassen, in eine Schüssel füllen
und nach Belieben salzen.

WEDGES

Für 4 Portionen, Zubereitungszeit: ca. 15 Minuten (plus Garzeit)

PRO PORTION
ca. 250 kcal/1046 kJ, 4 g E, 9 g F, 29 g KH

ZUTATEN
800 g Kartoffeln
4 El Pflanzenöl
1 Tl Paprikapulver
Salz

1| Den Backofen auf 200 °C (Umluft 180 °C) vorheizen.

2| Die Kartoffeln gut waschen, trocknen und längs in Spalten schneiden. In einer Schüssel mit Öl, Paprikapulver und Salz vermengen.

3| Ein Blech mit Backpapier belegen und die Kartoffelspalten darauf verteilen. Im Ofen 30–40 Minuten garen.

WEDGES

NACHOS

Für 4 Portionen, Zubereitungszeit: ca. 15 Minuten (plus Ruhe- und Backzeit)

PRO PORTION
ca. 278 kcal/1163 kJ, 1 g E, 8 g F, 46 g KH

ZUTATEN
250 g Maismehl
½ Tl Salz
Sonnenblumenöl zum Braten
edelsüßes Paprikapulver zum Bestreuen

NACHOS

1| Das Maismehl in eine Schüssel sieben und nach und nach 250 ml lauwarmes Wasser zugießen. Langsam zu einem geschmeidigen Teig kneten, diesen 5–7 Minuten ruhen lassen. Mit dem Salz nochmals kneten.

2| Den Teig auf Backpapier setzen, mit einem weiteren Stück Backpapier bedecken und mit dem Nudelholz sehr dünn (2 mm) ausrollen. Teigkreise von beliebigem Durchmesser ausstechen oder -schneiden.

3| In einer beschichteten Pfanne das Öl erhitzen und die Teigkreise nach und nach in ½ Minute von jeder Seite bei mittlerer Temperatur backen.

4| Abkühlen lassen und in größere Dreiecke schneiden. Knusprig frittieren oder im vorgeheizten Backofen knusprig werden lassen und nach Belieben würzen.

CAESAR'S SALAD

Für 4 Portionen, Zubereitungszeit: ca. 20 Minuten

PRO PORTION
ca. 761 kcal/3184 kJ, 14 g E, 73 g F, 3 g KH

ZUTATEN
2 dicke Scheiben Weißbrot
200 ml Olivenöl zzgl. ewas zum Rösten
2 kleine Köpfe Römersalat
1 Avocado
2 El Zitronensaft
1 Knoblauchzehe
4 Sardellenfilets
1 Eigelb
1 El Worcestersauce
Salz, Zucker
100 g Parmesan

1| Von den Weißbrotscheiben die Rinde abschneiden und das Brot klein würfeln. In einer beschichteten Pfanne etwas Olivenöl erhitzen und die Brotwürfel darin rösten. Beiseitestellen.

2| Den Römersalat putzen, waschen, trocken schleudern und die Blätter grob zerzupfen. Die Avocado halbieren, den Kern herauslösen und das Fruchtfleisch aus der Schale löffeln. Würfeln und mit etwas Zitronensaft beträufeln.

3| Den Knoblauch schälen und fein hacken, die Sardellenfilets ebenfalls hacken. Eigelb mit dem übrigen Zitronensaft verrühren. Das Olivenöl erst tropfenweise, dann in feinem Strahl zugießen und verrühren. Alles mit Worcestersauce und den Gewürzen zu einer Creme rühren, abschmecken.

4| Den Salat mit dem Dressing mischen. Die Brotwürfel darüberstreuen und den Parmesan in groben Spänen darüberhobeln.

COLE SLAW

Für 4 Portionen, Zubereitungszeit: ca. 30 Minuten
(plus Zeit zum Ziehen)

PRO PORTION
ca. 167 kcal/699 kJ, 6 g E, 8 g F, 16 g KH

ZUTATEN
1 kleiner Weißkohl
2-3 kleine Karotten
2 Schalotten
150 g Naturjoghurt
50 g Salatmayonnaise
Saft von ½ Zitrone
1 El Apfelessig, 1 El Zucker
Salz, frisch gemahlener Pfeffer

1| Die äußeren Blätter des Weißkohls entfernen. Den Kohl in grobe Stücke teilen und die Blätter in kleine Rauten schneiden. Die Karotten putzen, schälen und reiben. Die Schalotten schälen und würfeln.

2| Die übrigen Zutaten zu einer Salatcreme verrühren und mit dem Gemüse mischen. Der Salat sollte nicht zu „trocken" sein. In den Kühlschrank stellen und 1 Stunde durchziehen lassen.

3| Den Salat etwa 15 Minuten vor dem Servieren wieder aus dem Kühlschrank nehmen, damit er nicht zu kalt ist.

GARTEN-WILD-KRÄUTER-SALAT

Für 4 Portionen, Zubereitungszeit: ca. 15 Minuten
PRO PORTION
ca. 138 kcal/577 kJ, 2 g E, 10 g F, 3 g KH

ZUTATEN
2 Cocktailtomaten
1 kleine Salatgurke
120 g Rucola
40 g Löwenzahn
20 g Sauerampfer
3 große Bärlauchblätter
1 fein gehackte Schalotte
½ Tl Dijonsenf
3 El weißer Aceto balsamico
4 El Kürbiskernöl
1 Prise Zucker
Salz
frisch gemahlener Pfeffer

1| Die Cocktailtomaten waschen und vierteln. Die Gurke mit einem Sparschäler in Streifen abschälen und in Scheiben schneiden. Den Salat und die Kräuter putzen bzw. waschen und trocken schütteln. Grob zerzupfen.

2| Die übrigen Zutaten zu einem Dressing verrühren, abschmecken und mit dem Salat mischen.

Salat und Kräuter wählen Sie nach Saison und Belieben.

FRITTIERTE ZWIEBELRINGE

Für 4 Portionen, Zubereitungszeit: ca. 40 Minuten
PRO PORTION
ca. 260 kcal/1087 kJ, 8 g E, 10 g F, 28 g KH

ZUTATEN
Frittierfett
2 Gemüsezwiebeln
150 g Weizenmehl
2 Eier
Salz
70 ml Bier

1| In einem großen Topf oder in einer Fritteuse das Fett erhitzen (auf ca. 180 °C).

2| Die Zwiebeln abziehen und in dicke Ringe schneiden. Alle übrigen Zutaten zu einem Teig verrühren. Die Zwiebelringe durchziehen und goldgelb frittieren. Auf Küchenpapier abtropfen lassen.

GARTEN-WILDKRÄUTER-SALAT

MAYONNAISE

Für 4 Portionen, Zubereitungszeit: ca. 10 Minuten

PRO PORTION
ca. 51 kcal/213 kJ, 2 g E, 9 g F, 1 g KH

ZUTATEN
1 Eigelb
1 El Zitronensaft
1 El Senf
1 Prise Salz
1 Prise frisch gemahlener Pfeffer
1 Prise Zucker
125 ml neutrales Öl
weitere Zutaten nach Belieben

Alle Zutaten bis auf das Öl in einer Schüssel verrühren. Das Öl zunächst tropfenweise, dann in fei-
nem Strahl zugeben und dabei ständig rühren, bis
die Mayonnaise eine gleichmäßige, fein-cremige
Konsistenz hat.

Diese Basis-Mayonnaise können Sie nach
Gericht und Belieben mit Gewürzen, gehackten
Kräutern, gemahlenen Kräutern, Ketchup,
gehacktem Ei, Zitronenabrieb und -saft und
vielem mehr variieren.

AIOLI

Für 4 Portionen, Zubereitungszeit: ca. 10 Minuten

PRO PORTION
ca. 624 kcal/2611 kJ, 2 g E, 66 g F, 2 g KH

ZUTATEN
2 Eigelb
1 El Zitronensaft
5 Knoblauchzehen
260 ml Olivenöl
Salz
frisch gemahlener Pfeffer

Die Eigelbe mit Zitronensaft verrühren und die Knoblauchzehen schälen und dazupressen. Das Olivenöl tropfenweise unterrühren, bis eine Mayonnaise entstanden ist. Mit den Gewürzen abschmecken.

SOUR CREAM

Für 4 Portionen, Zubereitungszeit: ca. 10 Minuten

PRO PORTION
ca. 47 kcal/197 kJ, 5 g E, 2 g F, 3 g KH

ZUTATEN
½ Bund krause Petersilie
125 g Magerquark
125 g Naturjoghurt
1 El Schnittlauchröllchen
½ fein gehackte Zwiebel
1 Spritzer Zitronensaft
Salz
frisch gemahlener Pfeffer

Die Petersilie waschen, trocken schütteln und die Blätter sehr fein hacken. Mit den anderen Zutaten gut verrühren, abschmecken und kühl stellen.

SOUR CREAM

GUACAMOLE

Für 4 Portionen, Zubereitungszeit: ca. 10 Minuten

PRO PORTION
ca. 262 kcal/1096 kJ, 127 g E, 0 g F, 29 g KH

ZUTATEN
2 Avocados
8 Stängel Koriandergrün
1 fein gehackte kleine Zwiebel
1 entkernte, fein gehackte rote Chilischote
Salz, frisch gemahlener Pfeffer

1| Die Avocados halbieren, entkernen und den Kern beiseitelegen. Das Fruchtfleisch aus den Hälften löffeln und in einer Schüssel mit einer Gabel zerdrücken. Das Koriandergrün waschen, trocken schütteln und die Blättchen abzupfen, sehr fein hacken.

2| Alle Zutaten miteinander mischen und abschmecken. Den Avocadokern zum Püree geben, damit es bis zum Servieren seine frische grüne Farbe behält.

KETCHUP

Für 4 Portionen, Zubereitungszeit: ca. 20 Minuten

PRO PORTION
ca. 127 kcal/531 kJ, 6 g E, 0 g F, 29 g KH

ZUTATEN
4 Äpfel
4 fein gehackte Zwiebeln
400 g Tomatenmark
1 El Currypulver
1 El Salz, 1 Prise Zimt
1 El Zuckerrübensaft
100 ml Apfelessig

1| Die Äpfel schälen und vierteln, dabei entkernen. In sehr kleine Stücke schneiden.

2| In einem Topf alle Zutaten mit wenig Wasser (nach gewünschter Konsistenz) mischen und weich kochen, danach sehr fein pürieren. Den Ketchup in saubere Flaschen füllen, gut verschließen und kühl lagern.

GUACAMOLE

BBQ-SAUCE

Für ca. 600 ml, Zubereitungszeit: ca. 20 Minuten
(plus Zeit zum Ziehen und Kochzeit)

PRO PORTION
ca. 129 kcal/540 kJ, 3 g E, 1 g F, 17 g KH

ZUTATEN
1 geräucherte Chipotle-Chilischote
75 ml Apfelessig
750 g Strauchtomaten
1 gehackte Gemüsezwiebel
2 gehackte Knoblauchzehen
50 g brauner Zucker
1 El Zuckerrübensirup
1 Tl scharfer Senf
1 Tl Salz
1 Tl frisch gemahlener Pfeffer
1 Tl Chilipulver
1 Prise gemahlener Kreuzkümmel

1| Die Chilischote in einer kleinen Schüssel mit etwas Apfelessig übergießen und zugedeckt bei Zimmertemperatur 1 Tag ziehen lassen, dann hacken. Die Tomaten kreuzweise einritzen, mit kochendem Wasser überbrühen und häuten. Die Stielansätze entfernen und das Fruchtfleisch grob würfeln. Die Chilischote aus dem Essig nehmen und grob hacken.

2| Chili, Tomaten, Zwiebel, Knoblauch und den übrigen Essig in einem Topf aufkochen lassen. Zucker, Zuckerrübensirup, Senf, Salz, Pfeffer, Chilipulver und Kreuzkümmel einrühren und die Sauce unter Rühren ca. 30 Minuten köcheln lassen. Anschließend durch ein feines Sieb in einen weiteren Topf passieren und dickflüssig einkochen.

RIND & KALB

Es empfiehlt sich, Pattys aus gehacktem Rind- und Kalbfleisch, die ca. 2 cm dick sind, bei direkter mittlerer bis starker Hitze insgesamt etwa 3-4 Minuten pro Seite zu grillen. Die genaue Grilldauer hängt natürlich von der Art des Garguts, dem Grill und nicht zuletzt dem persönlichen Geschmack ab.

Das Fleisch harmoniert mit Gewürzen und Kräutern wie etwa Chili, Knoblauch, Oregano, Paprika, Petersilie, Rosmarin, Salbei oder Thymian.

DER HAMBURGER

PRO PORTION
ca. 790 kcal/3305 kJ   57 g E   44 g F   53 g KH

BUNS
4 Weizenbrötchen mit Sesam (Rezept Seite 15)

PATTYS
Basics:
600 g Rinderhack
Salz
frisch gemahlener Pfeffer

Fülle & Halt:
1 trockenes Brötchen
ca. 120 ml lauwarme Milch
1 fein gewürfelte Zwiebel
2 Eier

Gewürze & Aromen:
3 El fein gewürfelte rote Paprikaschote
1 Prise Chilipulver
1 Tl getrockneter Thymian
1 Tl getrockneter Rosmarin

TOPPINGS
4 grüne Salatblätter
2 eingelegte Gurken
4 Tomaten
4 Scheiben Gouda
4 Tl Mayonnaise (Rezept Seite 20)
4 Tl Ketchup (Rezept Seite 22)

Gutes Fleisch, Salz und, nach Belieben, Pfeffer sind die Basics für ein klassisches Hamburger-Patty – mehr braucht es eigentlich nicht. Brötchen, Zwiebeln und Eier verleihen dem Patty mehr Fülle und halten die Zutaten zusammen, die Menge richtet sich nach dem persönlichen Geschmack. Auch die Zugabe von Gewürzen und Aromen ist beliebig.

1| Das Brötchen würfeln und in der Milch 10 Minuten einweichen, gut ausdrücken. Alle Zutaten bis auf die Gewürze in eine Schüssel geben und gut vermengen. Anschließend nach Belieben mit den Gewürzen abschmecken.

2| Mit feuchten Händen aus dem Teig 4 Pattys formen und von jeder Seite etwa 3-4 Minuten grillen. Die Burger-Brötchen halbieren und die Schnittflächen kurz auf dem Grill antoasten.

3| Für die Toppings die Salatblätter waschen und trocken schütteln. Die Gurken in dünne Scheiben schneiden. Die Tomaten waschen und ebenfalls in dünne Scheiben schneiden, dabei den Stielansatz entfernen.

4| Jeweils die untere Brötchenhälfte mit 1 Salatblatt, den Gurkenscheiben, dem Patty, 1 Scheibe Käse und den Tomatenscheiben belegen. Darauf je 1 Tl Ketchup und Mayonnaise geben und die obere Brötchenhälfte aufsetzen.

Dazu schmecken
MAISKOLBEN

Pro Portion ca. 103 kcal/431 kJ
7 g E   29 g F   33 g KH

4 junge Maiskolben
Salz
125 g kalte Butter
4 Knoblauchzehen
frisch gemahlener Pfeffer

Die enthülsten Maiskolben in Salzwasser ca. 15 Minuten garen, abtropfen lassen und für ca. 15 Minuten auf den Grill legen. Häufiger wenden. Die Butter in Stückchen schneiden, mit dem ausgepressten Knoblauch und den Gewürzen mischen und auf die Maiskolben geben.

DOUBLE-DOUBLE-
CHEESEBURGER

PRO PORTION
ca. 1061 kcal/4439 kJ   65 g E   86 g F   64 g KH

BUNS
4 Weizenbrötchen mit Sesam (Rezept Seite 15)

PATTYS
1 trockenes Brötchen
ca. 120 ml lauwarme Milch
600 g Rinderhack
3 El fein gewürfelte rote Paprikaschote
1 fein gewürfelte Zwiebel
2 Eier
½ Tl Chilipulver
1–2 El Worcestersauce
1 Tl getrockneter Thymian
1 Tl getrockneter Rosmarin
Salz
frisch gemahlener Pfeffer

TOPPINGS
4 große grüne Salatblätter
2 eingelegte Gurken
1 rote Zwiebel
Ketchup (Rezept Seite 22)
Mayonnaise (Rezept Seite 20)
4 Scheiben junger Gouda
4 Scheiben mittelalter Gouda

1| Das Brötchen würfeln und 10 Minuten in der Milch einweichen, gut ausdrücken. Alle Zutaten bis auf die Gewürze in eine Schüssel geben und gut vermengen. Anschließend nach Belieben mit den Gewürzen abschmecken.

2| Mit feuchten Händen aus dem Teig 4 Pattys formen und von jeder Seite etwa 3–4 Minuten grillen. Die Burger-Brötchen halbieren und die Schnittflächen kurz auf dem Grill antoasten.

3| Für die Toppings die Salatblätter waschen und trocken schütteln. Die Gurken in dünne Scheiben schneiden. Die Zwiebel abziehen und in dicke Scheiben schneiden.

4| Jeweils auf die untere Brötchenhälfte nach Belieben dicke Tupfer Ketchup und Mayonnaise setzen. Mit je 1 Salatblatt belegen. Dieses mit je 1 Scheibe jungem und mittelaltem Gouda so versetzt belegen, dass die farblich unterschiedlichen Ecken des Käses zu sehen sind. Patty und wieder je 1 Scheibe jungen und mittelalten Gouda versetzt darauflegen. Mit Gurkenscheiben belegen und mit Zwiebelringen garnieren. Die obere Brötchenhälfte aufsetzen.

Dazu Ketchup und Mayonnaise servieren.

BIFTEKI-BURGER

FÜR 4 PORTIONEN
ZUBEREITUNGSZEIT: CA. 35 MINUTEN (PLUS KOCHZEIT)

PRO PORTION
ca. 977 kcal/4088 kJ   59 g E   62 g F   51 g KH

BUNS

4 Weizenbrötchen (Rezept Seite 15)

PATTYS

1 trockenes Brötchen
ca. 120 ml lauwarme Milch
600 g Rinderhack
3 El fein gewürfelte getrocknete Tomaten
1 fein gewürfelte Zwiebel
2 Eier
1 Msp. Chilipulver
1 Tl getrockneter Oregano
1 Tl gemahlener Kreuzkümmel
1 El gehackte krause Petersilienblätter
Salz
frisch gemahlener Pfeffer

TOPPINGS

12 frische Okraschoten
1 fein gewürfelte Zwiebel
Olivenöl zum Braten
1 Pck. Tomatenpüree mit Kräutern (FP)
1 Prise Knoblauchpulver
Salz
frisch gemahlener Pfeffer
300 g Feta
12–16 Kalamata-Oliven ohne Stein

1| Das Brötchen würfeln und in der Milch 10 Minuten einweichen, gut ausdrücken. Alle Zutaten für die Pattys bis auf die Gewürze in eine Schüssel geben und gut vermengen. Anschließend nach Belieben mit den Gewürzen abschmecken.

2| Mit feuchten Händen aus dem Teig 4 Pattys formen und von jeder Seite etwa 3–4 Minuten grillen. Die Burger-Brötchen halbieren und die Schnittflächen auf dem Grill kurz antoasten.

3| Für die Toppings die Okraschoten putzen und waschen. In einer Pfanne bei mittlerer Temperatur die Zwiebelwürfel in etwas Olivenöl glasig anbraten. Die Okraschoten zugeben und ebenfalls leicht anbraten, dann die Temperatur reduzieren und die pürierten Tomaten unterrühren. Mit Knoblauch, Salz und Pfeffer abschmecken. Die Okraschoten in ca. 12–15 Minuten gar köcheln lassen, sie sollten aber noch etwas Biss haben. Dickt die Flüssigkeit zu sehr ein, etwas Wasser oder Olivenöl dazugeben.

4| Den Feta vorsichtig in dünne Scheiben oder Segmente schneiden. Die unteren Brötchenhälften mit etwas von dem Tomatenpüree aus der Pfanne bestreichen. Die Pattys auflegen, darauf den Feta anrichten und etwas Pfeffer darübermahlen. Die Okraschoten auf die Burger verteilen, mit Tomatenpüree beträufeln. Mit Oliven dekorieren, die oberen Brötchenhälften anlegen und servieren.

Dazu schmeckt
PIKANTER KRAUTSALAT

Pro Portion ca. 481 kcal/2013 kJ
2 g E   38 g F   29 g KH

1 kleiner Kopf Weißkohl
1 Tl Salz
3 Frühlingszwiebeln
2 Karotten
200 ml milder Weißweinessig
150 ml Rapsöl
75 g Zucker
1 Tl Senf

Kohlkopf vierteln, waschen, den Strunk entfernen und in feine Streifen hobeln. Das Kraut mit Salz bestreuen und mit den Händen so lange kneten, bis es weich und saftig ist. Frühlingszwiebeln waschen und in feine Ringe schneiden. Die Karotten putzen, schälen und raspeln. Alle Zutaten in eine Salatschüssel geben. Aus Essig, Öl, Zucker, Salz und Senf eine Sauce rühren und mit den übrigen Zutaten vermengen. Den Salat abdecken und einige Stunden ziehen lassen.

CEVAPCICI-BURGER

MIT AJVAR

FÜR 4 PORTIONEN
ZUBEREITUNGSZEIT: CA. 35 MINUTEN (PLUS KOCHZEIT)

PRO PORTION
ca. 743 kcal/3109 kJ   46 g E   40 g F   55 g KH

BUNS
4 Weizenbrötchen (Rezept Seite 15)

PATTYS
1 trockenes Brötchen
ca. 120 ml lauwarme Milch
600 g Rinderhack
1 fein gewürfelte Zwiebel
1 fein gehackte Knoblauchzehe
2 Eier
2 El Ajvar (Rezept siehe unten)
1 Tl Paprikapulver
1 Tl frisch gehackter Thymian
Salz, frisch gemahlener Pfeffer

TOPPINGS
Für das Ajvar:
1 Aubergine
1 Knoblauchzehe
3 rote Paprikaschoten
2 El Olivenöl
1 rote Chilischote
Salz, 1 El Zitronensaft
frisch gemahlener Pfeffer

4 große grüne Salatblätter
1 rote Zwiebel
2 Tomaten

1| Das Brötchen würfeln und in der Milch 10 Minuten einweichen lassen, gut ausdrücken. Alle Zutaten für die Pattys bis auf die Gewürze in eine Schüssel geben und gut vermengen. Anschließend nach Belieben mit den Gewürzen abschmecken.

2| Mit feuchten Händen aus dem Teig 4 Pattys formen und von jeder Seite etwa 3–4 Minuten grillen. Die Burger-Brötchen halbieren und die Schnittflächen auf dem Grill kurz antoasten.

3| Für die Toppings ein Ajvar zubereiten. Aubergine und Knoblauch schälen. Paprikaschote entkernen und waschen. Alles in feine Würfel schneiden und in einem Topf bei mittlerer Hitze in 1 El Olivenöl andünsten. Chilischote entkernen, dann waschen, hacken und ebenfalls in den Topf geben. Das Gemüse mit etwa 8 El Wasser auffüllen, salzen und 10 Minuten kochen. Anschließend pürieren, das restliche Olivenöl und den Zitronensaft unterrühren und mit Salz und Pfeffer pikant abschmecken.

4| Salatblätter waschen und trocken schütteln. Die Zwiebel abziehen und in dünne Scheiben schneiden. Die Tomaten waschen und ebenfalls in Scheiben schneiden, dabei den Stielansatz entfernen.

5| Die unteren Brötchenhälften mit je 1 El Ajvar bestreichen. Patty auflegen und je 1 Salatblatt, Tomatenscheiben und 1 weiterer El Ajvar daraufgeben. Mit Zwiebelringen belegen, die oberen Brötchenhälften aufsetzen und servieren.

BUFFALO-RANCH-BURGER

FÜR 4 PORTIONEN
ZUBEREITUNGSZEIT: CA. 30 MINUTEN

PRO PORTION
ca. 839 kcal/3510 kJ   50 g E   50 g F   44 g KH

BUNS
4 Roggenbrötchen (Rezept Seite 15)

PATTYS
1 trockenes Brötchen
ca. 120 ml lauwarme Milch
600 g Rinderhack (vom Black-Angus-Rind
    oder vergleichbare Qualität)
3 Tl fein gehackte schwarze Oliven
1 El fein gewürfelte Zwiebel
2 Eier
1 Prise Jalapeño-Chili-Pulver
1–2 Tl Jerk (jamaikanische
    Grill-Gewürzmischung)
Salz
frisch gemahlener Pfeffer

TOPPINGS
1 kleiner Kopf Römersalat
3 El Aceto balsamico
2 El Olivenöl
1 El Waldhonig
1 El Pinienkerne
Salz
frisch gemahlener Pfeffer
4 dicke Scheiben Gorgonzola

1| Das Brötchen würfeln und in der Milch ca. 10 Minuten einweichen, gut ausdrücken. Alle Zutaten für die Pattys bis auf die Gewürze in eine Schüssel geben und gut vermengen. Anschließend nach Belieben mit den Gewürzen abschmecken.

2| Mit feuchten Händen aus dem Teig 4 Pattys formen und von jeder Seite etwa 3–4 Minuten grillen. Die Burger-Brötchen halbieren und die Schnittflächen auf dem Grill kurz antoasten.

3| Für die Toppings den Salat putzen, waschen, die Blätter grob zerzupfen. Aus Aceto balsamico, Olivenöl, Waldhonig und Pinienkernen sowie Salz und Pfeffer ein Dressing herstellen und den Salat damit anrichten. Der Salat sollte nicht zu feucht sein.

4| Den Salat auf den unteren Brötchenhälften anrichten. Patty auflegen und jeweils 1 Scheibe Gorgonzola darauf verteilen. Pfeffer grob darübermahlen und die obere Brötchenhälfte aufsetzen. Dazu BBQ-Sauce (Rezept Seite 23) und frittierte Zwiebelringe (Rezept Seite 19) reichen.

Alternativ schmeckt statt des Pattys ein medium gegrilltes Hüftsteak.

Dazu schmecken
MARSALA-CHAMPIGNONS

Pro Portion ca. 126 kcal/527 kJ
2 g E   7 g F   1 g KH

1 fein gehackte Schalotte
Olivenöl zum Braten
250 g braune Champignons
100 ml Marsala
20 g Butter
Salz, frisch gemahlener Pfeffer

In einer Pfanne bei mittlerer Hitze die Zwiebelwürfel in Olivenöl glasig braten. Die Champignons putzen, feucht abreiben und in Scheiben schneiden. Zu den Zwiebelwürfeln geben, die Temperatur erhöhen und die Pfanne hin und wieder schwenken. Bei mittlerer Temperatur einige Minuten weiterbraten, dann mit dem Marsala ablöschen. Die Flüssigkeit reduzieren lassen und mit der Butter binden. Abschmecken und servieren.

STEAK-FRITES-BURGER

FÜR 4 PORTIONEN
ZUBEREITUNGSZEIT: CA. 25 MINUTEN

PRO PORTION
ca. 834 kcal/3490 kJ   45 g E   56 g F   35 g KH

BUNS
4 Weizenbrötchen mit Sesam (Rezept Seite 15)

PATTYS
1 trockenes Brötchen
ca. 120 ml lauwarme Milch
600 g Rinderhack
3 El fein gewürfelte rote Paprikaschote
1 fein gewürfelte Zwiebel
2 El grob gehackte glatte Petersilienblätter
2 Eier
½ Tl Chilipulver
1 Tl getrockneter Thymian
Salz
frisch gemahlener Pfeffer

TOPPINGS
8 Blätter Eisbergsalat
120 g Kräuterbutter

1| Das Brötchen würfeln und in der Milch ca. 10 Minuten einweichen, gut ausdrücken. Alle Zutaten für die Pattys bis auf die Gewürze in eine Schüssel geben und gut vermengen. Anschließend nach Belieben mit den Gewürzen abschmecken.

2| Mit feuchten Händen aus dem Teig 4 Pattys formen und von jeder Seite etwa 3–4 Minuten grillen. Die Burger-Brötchen halbieren und die Schnittflächen auf dem Grill kurz antoasten.

3| Für die Toppings den Salat waschen, trocken schütteln, die Blätter in feine Streifen schneiden. Die untere, noch warme Brötchen-hälfte dünn mit Kräuterbutter bestreichen. Darauf die Salatstrei-fen anrichten. Patty auflegen und kurz vor dem Servieren jeweils 1 dicke Scheibe Kräuterbutter auf das noch warme Patty setzen.

Dazu schmecken knusprige dünne Pommes frites und Kräuter- oder Zitronenmayonnaise (Grundrezept Mayonnaise Seite 20).

BURGER „VENEZIANISCH"

MIT KARAMELLISIERTEN ZWIEBELN

FÜR 4 PORTIONEN
ZUBEREITUNGSZEIT: CA. 35 MINUTEN

PRO PORTION
ca. 776 kcal/3247 kJ   43 g E   47 g F   48 g KH

BUNS
4 Weizenbrötchen (Rezept Seite 15)

PATTYS
1 trockenes Brötchen
ca. 120 ml lauwarme Milch
600 g Rinderhack
2 fein gewürfelte Zwiebeln
2 Eier
1 Tl fein gehackte Salbeiblätter
getrockneter Oregano
Salz
frisch gemahlener Pfeffer

TOPPINGS
Olivenöl zum Braten
6 grob gehackte kleine Zwiebeln
ca. 2 El brauner Zucker
1 große Karotte
40 g Butter
1 El gehackte krause Petersilienblätter zzgl.
   etwas zum Dekorieren
Salz
frisch gemahlener Pfeffer

1| Das Brötchen würfeln und in der Milch ca. 10 Minuten einweichen, gut ausdrücken. Alle Zutaten für die Pattys bis auf die Gewürze in eine Schüssel geben und gut vermengen. Anschließend nach Belieben mit den Gewürzen abschmecken.

2| Mit feuchten Händen aus dem Teig 4 Pattys formen und von jeder Seite etwa 3-4 Minuten grillen. Die Burger-Brötchen halbieren und die Schnittflächen auf dem Grill kurz antoasten.

3| Für die Toppings in einer kleinen Pfanne in dem Olivenöl die Zwiebeln glasig braten. Mit 1 El Zucker bestreuen und bei leicht erhöhter Temperatur unter Rühren karamellisieren lassen, evtl. mit mehr braunem Zucker abschmecken.

4| Die Karotte putzen, schälen und schräg in große, dünne Scheiben schneiden. In einer weiteren kleinen Pfanne die Butter zerlassen und den restlichen Zucker einrühren, leicht karamellisieren lassen. Die Karottenscheiben darin unter Rühren etwa 4 Minuten kräftig braten. Die Petersilie einrühren. 50 ml Wasser zugeben und verkochen lassen, abschmecken.

5| Die karamellisierten Zwiebeln auf die unteren Brötchenhälften verteilen. Patty auflegen und mit den buttrigen Karottenscheiben bedecken. Mit Petersilie bestreuen und die oberen Brötchenhälften anlegen.

Dazu schmecken

FRITTIERTE SALBEI-BLÄTTER

Pro Portion ca. 104 kcal/437 kJ
4 g E   2 g F   18 g KH

16 große Salbeiblätter
1 Ei
125 g Tempuramehl
Meersalz
frisch gemahlener Pfeffer
300 g Frittierfett

Die Salbeiblätter waschen und trocken schütteln. Aus dem verquirlten Ei, 250 ml Wasser und dem Mehl einen zähen Teig herstellen, abschmecken. Das Frittierfett erhitzen. Die Blätter durch den Teig ziehen und im Fett goldgelb ausbacken. Mit Meersalz bestreut servieren.

BURGER MIT KAFFEEKRUSTE

UND PORTWEINFEIGEN

FÜR 4 PORTIONEN
ZUBEREITUNGSZEIT: CA. 45 MINUTEN

PRO PORTION
ca. 925 kcal/3870 kJ   42 g E   37 g F   70 g KH

BUNS
4 Ciabattabrötchen (Rezept Seite 15)

PATTYS
80 g Mie de pain (feines Paniermehl
    aus Weißbrot)
600 g gemischtes Rinder- und Kalbshack
3 El fein gehackte Aubergine
1 fein gewürfelte Schalotte
2 Eier
1 Msp. gehackte Chipotle-Chili
1 Msp. gemahlener Lorbeer
Salz, frisch gemahlener Pfeffer

TOPPINGS
3 El Kaffeebohnen
1 Tl Pfefferkörner
1 Prise Kardamom
2 El Traubenkernöl zzgl. etwas zum Bestreichen
1 kleine Aubergine
8 frische Feigen
Salz, frisch gemahlener Pfeffer
20 g Butter
2 El Akazienhonig
300 ml Portwein
1 Prise Zimt
2 Gewürznelken
brauner Zucker

1| Den Backofen auf der höchsten Stufe vorheizen. Alle Zutaten für die Pattys bis auf die Gewürze in eine Schüssel geben und gut vermengen. Anschließend nach Belieben mit den Gewürzen abschmecken. Mit feuchten Händen aus dem Teig 4 Pattys formen und von jeder Seite etwa 2 Minuten grillen. Die Pattys sollten noch nicht ganz durchgegart sein.

2| Für die Toppings Kaffeebohnen, Pfefferkörner und Kardamom in einem Mörser zerstoßen, das Öl dazugeben und alles nochmals miteinander zerstoßen. Auf die Oberseite der Pattys streichen und bei zugeschalteter Grillstufe im Backofen etwa 6-8 Minuten grillen.

3| Die Aubergine waschen, putzen, in dünne Scheiben schneiden, dünn mit Traubenkernöl bestreichen, würzen und 1-2 Minuten von jeder Seite scharf angrillen. Beiseitelegen.

4| Die Feigen kreuzweise einschneiden und in eine ofenfeste Form setzen. In einem kleinen Topf die Butter zerlassen, Honig und Portwein unterrühren. Zimt und Nelken dazugeben und alles reduzieren lassen, die Nelken entnehmen. Nach Belieben mit Zucker und den anderen Gewürzen abschmecken. Die Feigen mit der Reduktion übergießen und im vorgeheizten Backofen etwa 5 Minuten schmoren.

5| Die Brötchen halbieren. Die unteren Brötchenhälften mit Auberginenscheiben belegen, darauf die Pattys setzen. Die Feigen darauf anrichten und mit der Portweinreduktion beträufeln. Die übrige Reduktion und die oberen Brötchenhälften dazuservieren.

RHEINISCHER BURGER

FÜR 4 PORTIONEN
ZUBEREITUNGSZEIT: CA. 35 MINUTEN (PLUS SIEDEZEIT)

PRO PORTION
ca. 973 kcal/4071 kJ   55 g E   54 g F   67 g KH

BUNS
4 Roggenbrötchen (Rezept Seite 15)

PATTYS
1 trockenes Brötchen
ca. 120 ml lauwarme Milch
600 g Rinderhack
3 El fein gewürfelte rote Paprikaschote
1 fein gewürfelte Zwiebel
2 Eier
½ Tl Chilipulver
1 Tl Paprikapulver, 1 Tl Cayennepfeffer
Salz, frisch gemahlener Pfeffer

TOPPINGS
Für die Blutwurstknödel:
150 g gehäutete, gewürfelte Blutwurst
60 g gewürfeltes Weißbrot
3 El Paniermehl, 1 El Weizenmehl
1 Ei
125 ml Fleischbrühe
1 Tl gehackte Thymianblättchen
2 El Altbiersenf zzgl. etwas zum Bestreichen
Salz, frisch gemahlener Pfeffer

2 Äpfel, 40 g Butter
1 Prise Zimt, brauner Zucker zum Bestreuen
Röstzwiebeln zum Bestreuen

1| Das Brötchen würfeln und in der Milch 10 Minuten einweichen, gut ausdrücken. Alle Zutaten bis auf die Gewürze in eine Schüssel geben und gut vermengen. Anschließend nach Belieben mit den Gewürzen abschmecken.

2| Mit feuchten Händen aus dem Teig 4 Pattys formen und von jeder Seite etwa 3–4 Minuten grillen. Die Brötchen halbieren und die Schnittflächen kurz auf dem Grill antoasten.

3| Die Zutaten für die Knödel gut verkneten; ist der Teig zu feucht, noch mehr Paniermehl dazugeben. Größere Knödel formen. In reichlich siedendem Salzwasser garen – schwimmen die Knödel oben, sind sie gar und können mit einem Schaumlöffel herausgehoben werden. Etwas abkühlen lassen, dann in dicke Scheiben schneiden.

4| Während die Knödel garen, die Äpfel schälen, vierteln und entkernen, dann in Spalten schneiden. In einer Pfanne die Butter zerlassen und die Apfelspalten darin andünsten. Mit Zimt und Zucker bestreuen und etwas karamellisieren lassen.

5| Jeweils die untere Brötchenhälfte mit Altbiersenf bestreichen und mit Knödelscheiben belegen. Patty daraufsetzen und üppig mit Apfelspalten garnieren, Zuckersirup aus der Pfanne darüberträufeln und mit Röstzwiebeln bestreuen. Die obere Brötchenhälfte aufsetzen und mit je 1 kleinen Holzspieß fixieren.

Dazu schmeckt mehr Senf oder Apfelpüree.

Dazu schmeckt
PAPRIKA-RELISH

Pro Portion ca. 101 kcal/424 kJ
2 g E   7 g F   9 g KH

2 rote Paprikaschoten
2 El Öl
1 fein gewürfelte Zwiebel
1 Knoblauchzehe
½ Tl Paprikapulver
4 El Weißweinessig
Salz, 1 El Zucker
frisch gemahlener Pfeffer

Die Paprika entkernen, waschen und in kleine Würfel schneiden. In einer Pfanne in dem Öl die Zwiebelwürfel glasig anbraten. Paprikawürfel, Knoblauch und Paprikapulver zufügen und alles weitere 4–5 Minuten dünsten. Dann ca. 8 El Wasser, Essig, Salz und Zucker zugeben und unter Rühren ca. 40 Minuten einkochen, bis die Mischung sämig wird. Mit Salz und Pfeffer abschmecken. Eventuell pürieren. Zum Servieren abkühlen lassen.

BURGER MEDITERRAN

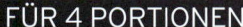

FÜR 4 PORTIONEN
ZUBEREITUNGSZEIT: CA. 30 MINUTEN

PRO PORTION
ca. 764 kcal/3197 kJ   49 g E   44 g F   42 g KH

BUNS
4 Ciabattabrötchen (Rezept Seite 15)

PATTYS
1 trockenes Brötchen
ca. 120 ml lauwarme Milch
1 Zucchini
600 g Rinderhack
1 fein gewürfelte Zwiebel
2 Eier
½ Tl Paprikapulver
1 Tl getrockneter Oregano
Salz
frisch gemahlener Pfeffer

TOPPINGS
4 große grüne Salatblätter
1 Fleischtomate
200 g Feta
4 El BBQ-Sauce (Rezept Seite 23)
frisch gemahlener Pfeffer
12 Kalamata-Oliven ohne Stein

1| Das Brötchen würfeln und in der Milch 10 Minuten einweichen lassen, gut ausdrücken. Zucchini waschen, putzen und fein würfeln oder raspeln. Alle Zutaten für die Pattys bis auf die Gewürze in eine Schüssel geben und gut vermengen. Anschließend nach Belieben mit den Gewürzen abschmecken.

2| Mit feuchten Händen aus dem Teig 4 Pattys formen und von jeder Seite etwa 3-4 Minuten grillen. Die Burger-Brötchen halbieren und die Schnittflächen auf dem Grill kurz antoasten.

3| Für die Toppings die Salatblätter waschen und trocken schütteln. Die Fleischtomate waschen und in 8 Scheiben schneiden, dabei den Stielansatz entfernen. Den Feta vorsichtig in dünne Scheiben oder Segmente schneiden.

4| Die unteren Brötchenhälften mit der BBQ-Sauce bestreichen. Die Salatblätter, die Tomatenscheiben und die Pattys auflegen. Darauf den Feta anrichten und etwas Pfeffer darübermahlen. Mit Oliven dekorieren, die obere Brötchenhälfte anlegen und den Burger mit weiterer BBQ-Sauce servieren.

MEXICAN BURGER

FÜR 4 PORTIONEN
ZUBEREITUNGSZEIT: CA. 35 MINUTEN

PRO PORTION
ca. 834 kcal/3490 kJ   46 g E   48 g F   58 g KH

BUNS
4 Weizenbrötchen (Rezept Seite 15)

PATTYS
1 trockenes Brötchen
ca. 120 ml lauwarme Milch
100 g Maiskörner (aus der Dose)
600 g Rinderhack
1 fein gewürfelte Zwiebel
2 Eier
1 Tl scharfer Senf
2 El gehacktes Koriandergrün
½ Tl Paprikapulver
Salz
frisch gemahlener Pfeffer

TOPPINGS
1 reife Avocado
1 fein gewürfelte Schalotte
1 fein gehackte Knoblauchzehe
1 El saure Sahne
Saft von ½ Zitrone
Salz
frisch gemahlener Pfeffer
1 Msp. Cayennepfeffer
4 große grüne Salatblätter
2 Tomaten
1 Zwiebel

1| Das Brötchen würfeln und in der Milch 10 Minuten einweichen, gut ausdrücken. Den Mais abgießen und abtropfen lassen. Alle Zutaten bis auf die Gewürze in eine Schüssel geben und gut vermengen. Anschließend nach Belieben mit den Gewürzen abschmecken.

2| Mit feuchten Händen aus dem Teig 4 Pattys formen und von jeder Seite etwa 3–4 Minuten grillen. Die Burger-Brötchen halbieren und die Schnittflächen kurz auf dem Grill antoasten.

3| Für die Toppings die Avocado halbieren, schälen und den Kern herauslösen. Das Fruchtfleisch in eine Schüssel geben und mit einer Gabel zu Püree zerdrücken. Schalottenwürfel, Knoblauch, saure Sahne und Zitronensaft unterrühren und mit Salz, Pfeffer und Cayennepfeffer abschmecken.

4| Die Salatblätter waschen und trocken schütteln. Die Tomaten waschen, in Scheiben schneiden, dabei den Stielansatz entfernen. Die Zwiebel abziehen und in dünne Ringe schneiden. Salatblätter auf die unteren Brötchenhälften verteilen. Die Pattys auflegen und jeweils mit Avocadocreme bestreichen. Tomatenscheiben darauf anrichten und mit Zwiebelringen garnieren. Die oberen Brötchenhälften aufsetzen.

PFIFFERLING-BURGER

FÜR 4 PORTIONEN
ZUBEREITUNGSZEIT: CA. 30 MINUTEN (PLUS GARZEIT)

PRO PORTION
ca. 821 kcal/3435 kJ   54 g E   49 g F   49 g KH

BUNS
4 Weizenbrötchen (Rezept Seite 15)

PATTYS
1 trockenes Brötchen
ca. 120 ml lauwarme Milch
3 El Pinienkerne
600 g Rinderhack
3 El eingelegte Kapern
1 Tl getrockneter Oregano
2 Eier
Salz
frisch gemahlener Pfeffer

TOPPINGS
4 große Blätter dunkler Eichblattsalat
400 g Pfifferlinge
4 Frühlingszwiebeln
2 El Butter
Salz
frisch gemahlener Pfeffer
4 El gehackte glatte Petersilienblätter
4 Tl BBQ-Sauce (Rezept S. 23)
4 Scheiben Cheddar

1| Das Brötchen würfeln und in der Milch 10 Minuten einweichen, gut ausdrücken. Die Pinienkerne fein hacken. Alle Zutaten bis auf die Gewürze in eine Schüssel geben und gut vermengen. Anschließend nach Belieben mit den Gewürzen abschmecken.

2| Mit feuchten Händen aus dem Teig 4 Pattys formen und von jeder Seite etwa 3–4 Minuten grillen. Die Buns halbieren und die Schnittflächen kurz auf dem Grill antoasten.

3| Für die Toppings die Salatblätter waschen und trocken schütteln. Die Pfifferlinge putzen und ggf. halbieren. Die Frühlingszwiebeln putzen, waschen und in feine Ringe schneiden.

4| In einer Pfanne die Butter zerlassen und die Pilze darin etwa 10 Minuten bei mittlerer Hitze dünsten. Am Ende der Garzeit mit Salz und Pfeffer würzen und mit der Petersilie vermischen.

5| Jeweils die untere Brötchenhälfte mit 1 Tl Barbecuesauce beträufeln. Salatblatt und Patty auflegen. Die Pfifferlinge gleichmäßig darauf verteilen und mit den Frühlingszwiebeln garnieren. Zum Schluss mit 1 Scheibe Käse belegen. Die obere Brötchenhälfte aufsetzen und mit je 1 kleinen Holzspieß fixieren.

BURGER MIT SPECK
UND RADIESCHEN

FÜR 4 PORTIONEN
ZUBEREITUNGSZEIT: CA. 30 MINUTEN

PRO PORTION
ca. 664 kcal/2778 kJ   46 g E   38 g F   36 g KH

BUNS
4 Roggenbrötchen (Rezept Seite 15)

PATTYS
1 trockenes Brötchen
ca. 120 ml lauwarme Milch
100 g geräucherter durchwachsener Speck
600 g Rinderhack
1 fein gewürfelte Zwiebel
2 Eier
1 Tl scharfer Senf
2 El Schnittlauchröllchen
Salz
frisch gemahlener Pfeffer

TOPPINGS
4 große grüne Salatblätter
1 Bund Radieschen
½ Salatgurke
4 El Sour Cream (Rezept Seite 21)
2 El Dillspitzen

1| Das Brötchen würfeln und in der Milch 10 Minuten einweichen, gut ausdrücken. Den Speck fein würfeln und in einer Pfanne bei mittlerer Hitze knusprig ausbraten. Alle Zutaten bis auf die Gewürze in eine Schüssel geben und gut vermengen. Anschließend nach Belieben mit den Gewürzen abschmecken.

2| Mit feuchten Händen aus dem Teig 4 Pattys formen und von jeder Seite etwa 3–4 Minuten grillen. Die Burger-Brötchen halbieren und die Schnittflächen kurz auf dem Grill antoasten.

3| Für die Toppings die Salatblätter waschen und trocken schütteln. Radieschen putzen, waschen und in Scheiben schneiden. Gurke schälen und ebenfalls in Scheiben schneiden.

4| Die unteren Brötchenhälften mit den Salatblättern belegen. Je 1 El Sour Cream daraufgeben und Pattys auflegen. Radieschen- und Gurkenscheiben auf die Burger verteilen und mit Dillspitzen garnieren. Die oberen Brötchenhälften aufsetzen.

BURGER ORIENTALISCH

FÜR 4 PORTIONEN
ZUBEREITUNGSZEIT: CA. 30 MINUTEN

PRO PORTION
ca. 624 kcal/2611 kJ   41 g E   37 g F   25 g KH

BUNS
1 Fladenbrot

PATTYS
1 trockenes Brötchen
ca. 120 ml lauwarme Milch
600 g Rinderhack
1 fein gewürfelte Zwiebel
1 fein gehackte Knoblauchzehe
2 Eier
2 El gehackte Petersilie
½ Tl Paprikapulver
1 Msp. Zimt
Salz
frisch gemahlener Pfeffer

TOPPINGS
200 g junge Spinatblätter
1 Granatapfel
100 g Vollmilchjoghurt
3 El Olivenöl
Salz
Pfeffer

1| Das Brötchen würfeln und in der Milch 10 Minuten einweichen, gut ausdrücken. Alle Zutaten bis auf die Gewürze in eine Schüssel geben und gut vermengen. Anschließend nach Belieben mit den Gewürzen abschmecken.

2| Mit feuchten Händen aus dem Teig 4 Pattys formen und von jeder Seite etwa 3–4 Minuten grillen.

3| Für die Toppings die Spinatblätter waschen und trocken schütteln. Granatapfel halbieren und die Kerne mit einem Teelöffel herauslösen, den austretenden Saft dabei auffangen. Granatapfelkerne und -saft mit Joghurt und Olivenöl verrühren, mit Salz und Pfeffer abschmecken. Spinat mit der Granatapfel-Joghurt-Sauce mischen.

4| Das Fladenbrot vierteln, die Viertel teilen und auf dem Grill anrösten (alternativ toasten). Die Brotunterseiten mit den Pattys und dem Spinat belegen. Die oberen Brotviertel daraufsetzen und mit je 1 Holzstäbchen fixieren.

BURGER ASIAN STYLE

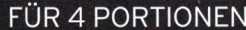

FÜR 4 PORTIONEN
ZUBEREITUNGSZEIT: CA. 30 MINUTEN

PRO PORTION
ca. 726 kcal/3038 kJ   47 g E   36 g F   56 g KH

BUNS
4 Weizenbrötchen (Rezept Seite 15)

PATTYS
1 trockenes Brötchen
ca. 120 ml lauwarme Milch
600 g Rinderhack
1 fein gewürfelte Zwiebel
2 Eier
2 El gehackte Petersilie
1 Tl Currypulver
Salz
frisch gemahlener Pfeffer

TOPPINGS
1 Apfel
250 g Karotten
200 g frische Sprossen (z. B. Alfalfasprossen)
Saft von 1 Limette
1 El Kürbiskernöl
1 Prise Zucker
Salz
Pfeffer
4 El Mayonnaise (Rezept Seite 20)
1 El Sojasauce

1| Das Brötchen würfeln und in der Milch 10 Minuten einweichen, gut ausdrücken. Alle Zutaten bis auf die Gewürze in eine Schüssel geben und gut vermengen. Anschließend nach Belieben mit den Gewürzen abschmecken.

2| Mit feuchten Händen aus dem Teig 4 Pattys formen und von jeder Seite etwa 3-4 Minuten grillen. Die Burger-Brötchen halbieren und die Schnittflächen kurz auf dem Grill antoasten.

3| Für die Toppings den Apfel waschen, vierteln, schälen und das Kerngehäuse entfernen. Die Karotten putzen und schälen. Beides grob raspeln und mit den gewaschenen und abgetropften Sprossen mischen. Aus Limettensaft, Öl, Zucker, Salz und Pfeffer ein Dressing rühren und mit den vorbereiteten Zutaten mischen. Mayonnaise mit Sojasauce verrühren.

4| Die Sojamayonnaise auf die unteren Brötchenhälften verteilen. Pattys und Karotten-Apfel-Sprossen-Salat darauf anrichten. Die oberen Brötchenhälften aufsetzen.

BURGER MIT BIRNE

UND GORGONZOLA

FÜR 4 PORTIONEN
ZUBEREITUNGSZEIT: CA. 30 MINUTEN

PRO PORTION
ca. 909 kcal/3803 kJ   53 g E   59 g F   43 g KH

BUNS

4 Roggenbrötchen (Rezept Seite 15)

PATTYS

1 trockenes Brötchen
ca. 120 ml lauwarme Milch
600 g Rinderhack
1 fein gewürfelte Zwiebel
2 Eier
½ Tl Chilipulver
1 Tl getrockneter Rosmarin
1 Tl getrockneter Oregano
Salz
frisch gemahlener Pfeffer

TOPPINGS

100 g Feldsalat
1 große reife Birne
200 g Gorgonzola
4 El Crème fraîche
50 g gehackte Walnusskerne

1| Das Brötchen würfeln und in der Milch 10 Minuten einweichen, gut ausdrücken. Alle Zutaten für die Pattys bis auf die Gewürze in eine Schüssel geben und gut vermengen. Anschließend nach Belieben mit den Gewürzen abschmecken.

2| Mit feuchten Händen aus dem Teig 4 Pattys formen und von jeder Seite etwa 3–4 Minuten grillen. Die Burger-Brötchen halbieren und die Schnittflächen auf dem Grill kurz antoasten.

3| Für die Toppings den Salat waschen und trocken schütteln. Die Birne waschen, vierteln und entkernen. Die Viertel in Spalten schneiden. Den Gorgonzola vorsichtig in Scheiben zerteilen.

4| Die unteren Brötchenhälften jeweils mit 1 El Crème fraîche bestreichen und mit dem Salat belegen. Die Pattys darauf verteilen. Dann die Gorgonzolascheiben auflegen und zum Schluss die Birnenspalten fächerförmig darauf anrichten. Mit Walnusskernen bestreuen und servieren. Die oberen Brötchenhälften dazuservieren.

Dazu schmeckt
BANANEN-ORANGEN-CHUTNEY

Pro Portion ca. 95 kcal/397 kJ
1 g E   0 g F   21 g KH

2 Orangen
2 reife Bananen
Saft von 1 Limette
1 rote Chilischote
Honig

1 Orange auspressen, die andere filetieren und fein würfeln. Die Bananen mit einer Gabel zerdrücken und das Mus mit dem Limetten- und Orangensaft vermischen. Die Chilischote entkernen, waschen, fein hacken und mit den Orangenwürfeln zum Chutney hinzufügen. Mit Honig abschmecken.

WASABI-BURGER DE LUXE

FÜR 4 PORTIONEN
ZUBEREITUNGSZEIT: CA. 35 MINUTEN

PRO PORTION
ca. 873 kcal/3653 kJ   49 g E   42 g F   60 g KH

BUNS

4 Weizenbrötchen (Rezept Seite 15)

PATTYS

1 trockenes Brötchen
ca. 120 ml lauwarme Milch
600 g Rinderhack
1 walnussgroßes Stück geriebener Ingwer
2 El fein gehacktes Koriandergrün
1 Msp. Zimt
1 Tl gemahlener Kreuzkümmel
2 Eier
Salz
frisch gemahlener Pfeffer

TOPPINGS

4 große Blätter Eisbergsalat
1 Stängel Zitronengras
400 g Zuckerschoten
6 Tl Mayonnaise (Rezept Seite 20)
2 Tl Wasabipaste (scharfer grüner Meerrettich
    aus der japanischen Küche)
2 El Sesamöl
2 El Sojasauce
1 Prise Zucker
frisch gemahlener Pfeffer

1| Das Brötchen würfeln und in der Milch 10 Minuten einweichen, gut ausdrücken. Alle Zutaten bis auf die Gewürze in eine Schüssel geben und gut vermischen. Anschließend nach Belieben abschmecken.

2| Mit angefeuchteten Händen aus dem Teig 4 Pattys formen und von jeder Seite etwa 3–4 Minuten grillen.

3| Für die Toppings die Salatblätter waschen und trocken schütteln. Das Zitronengras ebenfalls waschen und den unteren weißen Teil etwas weich klopfen, in feine Scheiben schneiden und fein hacken. Die Zuckerschoten waschen und putzen. Die Mayonnaise gut mit der Wasabipaste verrühren.

4| In einer Pfanne das Öl erhitzen und das Zitronengras in etwa 2–3 Minuten darin andünsten. Die Zuckerschoten zugeben und bei starker Hitze 1 knappe Minute in der Pfanne schwenken. Mit der Sojasauce ablöschen und mit Zucker und Pfeffer abschmecken.

5| Jeweils die untere Brötchenhälfte mit 1 Tl Wasabimayonnaise bestreichen. Jeweils 1 Salatblatt und 1 Patty auflegen. Die Zuckerschoten auf dem Fleisch arrangieren und das Ganze mit der oberen Brötchenhälfte bedecken.

BURGER ANDALUSISCH

FÜR 4 PORTIONEN
ZUBEREITUNGSZEIT: CA. 30 MINUTEN

PRO PORTION
ca. 910 kcal/3808 kJ   64 g E   54 g F   48 g KH

BUNS
4 Ciabattabrötchen (Rezept Seite 15)

PATTYS
1 trockenes Brötchen
ca. 120 ml lauwarme Milch
600 g Rinderhack
1 fein gewürfelte Zwiebel
2 Eier
½ Tl Habanero-Chilipaste
1 Tl getrockneter Oregano
1 Tl getrockneter Rosmarin
Salz
frisch gemahlener Pfeffer

TOPPINGS
2 rote Chilischoten
75 g Mayonnaise (Rezept Seite 20)
2 fein gehackte Knoblauchzehen
1 El Paprikapulver
Salz
8 Scheiben Serranoschinken
8 Scheiben Manchego
Basilikumblätter nach Belieben

1| Das Brötchen würfeln und in der Milch 10 Minuten einweichen lassen, gut ausdrücken. Alle Zutaten für die Pattys bis auf die Gewürze in eine Schüssel geben und gut vermengen. Anschließend nach Belieben mit den Gewürzen abschmecken.

2| Mit feuchten Händen aus dem Teig 4 Pattys formen und von jeder Seite etwa 3–4 Minuten grillen. Die Burger-Brötchen halbieren und die Schnittflächen auf dem Grill kurz antoasten.

3| Für die Toppings die Chilischoten entkernen, waschen und fein hacken. Mit der Mayonnaise und dem Knoblauch in einen Mixer geben und cremig rühren. Mit Paprikapulver und Salz würzen.

4| Die unteren Brötchenhälften mit der Paprika-Mayonnaise bestreichen. Jeweils 1 Scheibe Schinken und Käse, dann 1 Patty und wieder 1 Scheibe Käse und Schinken drauflegen. Mit mehr Paprika-Mayonnaise und Basilikum nach Belieben abschließen und die zweite Brötchenhälfte aufsetzen.

Dazu schmeckt BBQ-Sauce (Rezept Seite 23).

Dazu schmeckt
TOMATEN-CHILI-SALSA

Pro Portion ca. 73 kcal/305 kJ
2 g E   3 g F   8 g KH

3 Tomaten
2 rote Zwiebeln
3 El Rotweinessig
1 El Honig
1 El Rapsöl
1 El Chilipaste
2 El frisch gehacktes
   Koriandergrün
Salz

Tomaten waschen, entkernen und fein würfeln. Zwiebeln abziehen und fein hacken. Essig mit Honig, Öl, Chilipaste und Koriander verrühren. Alle Zutaten mischen und mit Salz abschmecken.

SURF & TURF

FÜR 4 PORTIONEN
ZUBEREITUNGSZEIT: CA. 35 MINUTEN (PLUS ZEIT ZUM MARINIEREN)

PRO PORTION
ca. 605 kcal/2531 kJ   46 g E   28 g F   41 g KH

BUNS
4 Weizenbrötchen (Rezept Seite 15)

PATTYS
4 Rinderfiletsteaks (à 120 g)
100 ml Tomatensaft
60 ml Olivenöl
2 Spritzer Tabasco
2 El Wodka
1 El Zitronensaft
1 El abgeriebene Schale von
    1 unbehandelten Zitrone
1 Tl Kreuzkümmel
2 Zweige Rosmarin
4 Knoblauchzehen
Salz
frisch gemahlener Pfeffer

TOPPINGS
200 g küchenfertige (geschälte, entdarmte)
    Garnelen (ohne Kopf)
1 rote Zwiebel
4 El Mayonnaise (Rezept Seite 20)

1| Das Rinderfilet waschen und trocken tupfen. Für die Marinade Tomatensaft mit 30 ml Olivenöl, Tabasco, Wodka, Zitronensaft, 1 Tl Zitronenschale und Kreuzkümmel verrühren. Rosmarin waschen, trocken schütteln und die Nadeln hacken. Die Hälfte zur Marinade geben. 2 Knoblauchzehen schälen und fein hacken. Ebenfalls zur Marinade geben.

2| Das Fleisch in einen ausreichend großen Gefrierbeutel füllen und die Marinade dazugießen. Den Beutel gut verschließen und das Fleisch über Nacht marinieren lassen.

3| Die Garnelen 3 Stunden vor dem Grillen mit dem restlichen Olivenöl, der restlichen Zitronenschale, den restlichen, klein gehackten Knoblauchzehen und dem restlichen Rosmarin in einen Gefrierbeutel geben und marinieren.

4| Das Grillgut in ein Sieb geben und gut abtropfen lassen, dann trocken tupfen. Salzen, pfeffern und ca. 6–8 Minuten grillen, dabei ein- bis zweimal wenden. Die Garnelen dazu ggf. auf zuvor gewässerte Spieße stecken.

5| Für die Toppings die Zwiebel abziehen und in feine Ringe schneiden. Die unteren Brötchenhälften mit Zwiebelringen und je 1 Filet belegen. Je 1 El Mayonnaise daraufgeben und die Garnelen darauf anrichten. Die zweite Brötchenhälfte aufsetzen und mit je 1 kleinen Holzspieß fixieren.

CAESAR'S-SALAD-BURGER

FÜR 4 PORTIONEN
ZUBEREITUNGSZEIT: CA. 30 MINUTEN

PRO PORTION
ca. 726 kcal/3038 kJ   52 g E   40 g F   41 g KH

BUNS

4 Weizenbrötchen (Rezept Seite 15)

PATTYS

1 trockenes Brötchen
ca. 120 ml lauwarme Milch
600 g Rinderhack
1 fein gewürfelte Zwiebel
2 Eier
1–2 Tl mittelscharfer Senf
1 Tl getrockneter Oregano
Salz
frisch gemahlener Pfeffer

TOPPINGS

1 Römersalat
2 hart gekochte Eier
4 El Mayonnaise (Rezept Seite 20)
2 El Schmand
50 g geriebener Parmesan
Salz
frisch gemahlener Pfeffer

1| Das Brötchen würfeln und in der Milch 10 Minuten einweichen lassen, gut ausdrücken. Alle Zutaten für die Pattys bis auf die Gewürze in eine Schüssel geben und gut vermengen. Anschließend nach Belieben mit den Gewürzen abschmecken.

2| Mit feuchten Händen aus dem Teig 4 Pattys formen und von jeder Seite etwa 3–4 Minuten grillen. Die Burger-Brötchen halbieren und die Schnittflächen auf dem Grill kurz antoasten.

3| Für die Toppings die Salatblätter abzupfen, waschen und trocken schütteln, dann in feine Streifen schneiden. Eier in Scheiben schneiden. In einer kleinen Schüssel Mayonnaise, Schmand und Parmesan verrühren und mit Salz und Pfeffer würzen.

4| Die unteren Brötchenhälften mit der Mayonnaise bestreichen und etwas Salat aufschichten. Die Pattys und wieder Salat und Mayonnaise darübergeben. Mit Eierscheiben dekorieren. Die oberen Brötchenhälften aufsetzen.

Alternativ schmeckt der Burger mit 1 dicken Scheibe Pastrami oder Corned Beef statt des Pattys.

PUSZTA-BURGER

FÜR 4 PORTIONEN
ZUBEREITUNGSZEIT: CA. 30 MINUTEN

PRO PORTION
ca. 790 kcal/3305 kJ   57 g E   44 g F   53 g KH

BUNS
4 Weizenbrötchen mit Sesam (Rezept Seite 15)

PATTYS
1 trockenes Brötchen
ca. 120 ml lauwarme Milch
600 g Rinderhack
3 El fein gewürfelte rote Paprikaschote
1 fein gewürfelte Zwiebel
2 Eier
1 Prise Chilipulver
½ Tl Paprikapulver edelsüß
1 Tl getrockneter Rosmarin
Salz
frisch gemahlener Pfeffer

TOPPINGS
4 grüne Salatblätter
2 eingelegte Gurken
4 Tomaten
1 große rote Paprikaschote
4 Scheiben Gouda
4 Tl Mayonnaise (Rezept Seite 20)
4 Tl Ketchup (Rezept Seite 22)

1| Das Brötchen würfeln und in der Milch 10 Minuten einweichen, gut ausdrücken. Alle Zutaten bis auf die Gewürze in eine Schüssel geben und gut vermengen. Anschließend nach Belieben mit den Gewürzen abschmecken.

2| Mit feuchten Händen aus dem Teig 4 Pattys formen und von jeder Seite etwa 3–4 Minuten grillen. Die Burger-Brötchen halbieren und die Schnittflächen kurz auf dem Grill antoasten.

3| Für die Toppings die Salatblätter waschen und trocken schütteln. Die Gurken in dünne Scheiben schneiden. Die Tomaten waschen und ebenfalls in dünne Scheiben schneiden, dabei den Stielansatz entfernen. Die Paprika entkernen, waschen und in feine Streifen oder in Würfel schneiden.

4| Jeweils die untere Brötchenhälfte mit 1 Salatblatt, den Gurken-scheiben, dem Patty, Paprika, 1 Scheibe Käse und den Tomaten-scheiben belegen. Darauf je 1 Tl Mayonnaise und Ketchup geben und die obere Brötchenhälfte aufsetzen.

SCHWEIN

Pattys aus gehacktem Schweinefleisch, die ca. 2 cm dick sind, werden bei direkter mittlerer Hitze von jeder Seite etwa 3–4 Minuten gegrillt. Die Art des Garguts, des Grills und der bevorzugte Gargrad bestimmen die genaue Grilldauer.

Das Fleisch harmoniert mit Gewürzen und Kräutern wie etwa Cayennepfeffer, Curry, Gewürznelke, Ingwer, Kardamom, Koriander, Lorbeer, Majoran oder Muskatnuss.

BREAKFAST-BURGER

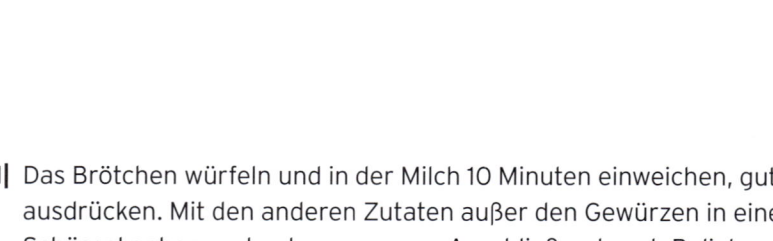

FÜR 4 PORTIONEN
ZUBEREITUNGSZEIT: CA. 35 MINUTEN

PRO PORTION
ca. 1087 kcal/4548 kJ   63 g E   65 g F   54 g KH

BUNS

4 Weizenbrötchen (Rezept Seite 15)

PATTYS

1 trockenes Brötchen
ca. 120 ml lauwarme Milch
600 g Schweinehack
2 El gewürfelter geräucherter Speck
10 g Röstzwiebeln
2 Eier
20 g gehackter grüner Pfeffer (aus dem Glas)
1 El mittelscharfer Senf
1 El gehackte milde Peperoni
1 Msp. Chilipulver zzgl. etwas zum Garnieren
Salz
frisch gemahlener Pfeffer

TOPPINGS

4 Scheiben Bacon
800 g Baked Beans (2 Dosen)
4 dicke Scheiben Cheddar
Pflanzenöl zum Braten
4 Eier

1| Das Brötchen würfeln und in der Milch 10 Minuten einweichen, gut ausdrücken. Mit den anderen Zutaten außer den Gewürzen in eine Schüssel geben und gut vermengen. Anschließend nach Belieben mit den Gewürzen abschmecken.

2| Mit feuchten Händen aus dem Teig 4 Pattys formen und von jeder Seite etwa 3-4 Minuten grillen. Die Burger-Brötchen halbieren und die Schnittflächen kurz auf dem Grill antoasten.

3| Für die Toppings in einer Pfanne ohne Fett den Bacon knusprig braten, aus der Pfanne nehmen und auf Küchenpapier etwas abtropfen lassen. Die Baked Beans erwärmen. In einer großen Pfanne mit wenig Fett 4 Spiegeleier braten.

4| Jeweils die untere Brötchenhälfte mit 1 Scheibe Bacon und dem Patty belegen. Darauf reichlich Baked Beans verteilen. Den Cheddar auflegen und mit dem Spiegelei krönen. Etwas Chilipulver darüberstäuben und die obere Brötchenhälfte aufsetzen.

Dazu schmeckt

MANGO-CHILI-SALSA

Pro Portion ca. 79 kcal/330 kJ
1 g E   1 g F   10 g KH

1 große reife Mango
1 rote Zwiebel
½ frische rote Chilischote
2 El Öl
Saft von 1 Limette
Salz
1 Tl brauner Zucker

Mango schälen und in Stücken vom Kern schneiden, das Fruchtfleisch fein würfeln. Zwiebel abziehen und würfeln. Chili entkernen, waschen und die Schote fein hacken. Alle Zutaten mit Öl, Limettensaft, Salz und Zucker verrühren, vor dem Servieren etwa 20 Minuten durchziehen lassen.

CURRY-BURGER

FÜR 4 PORTIONEN
ZUBEREITUNGSZEIT: CA. 30 MINUTEN

PRO PORTION
ca. 703 kcal/2941 kJ   16 g E   44 g F   48 g KH

BUNS

4 Weizenbrötchen (Rezept Seite 15)

PATTYS

1 trockenes Brötchen
ca. 120 ml lauwarme Milch
600 g Schweinehack
1 walnussgroßes Stück geriebener Ingwer
1 fein gewürfelte Zwiebel
2 Eier
1–2 TI Currypulver
Salz
frisch gemahlener Pfeffer

TOPPINGS

4 große grüne Bätter Friséesalat
1 rote Zwiebel
4 El Mayonnaise (Rezept Seite 20)

1| Das Brötchen würfeln und in der Milch 10 Minuten einweichen, gut ausdrücken. Alle Zutaten bis auf die Gewürze in eine Schüssel geben und gut vermengen. Anschließend nach Belieben mit den Gewürzen abschmecken.

2| Mit feuchten Händen aus dem Teig 4 Pattys formen und von jeder Seite etwa 3–4 Minuten grillen. Die Burger-Brötchen halbieren und die Schnittflächen kurz auf dem Grill antoasten.

3| Für die Toppings die Salatblätter waschen und trocken schütteln. Die Zwiebel abziehen und in dünne Scheiben schneiden.

4| Je 1 TI Mayonnaise auf der unteren Brötchenhälfte verstreichen. Je 1 Salatblatt und das Patty darauflegen. Die restliche Mayonnaise und die Zwiebelringe auf die Burger verteilen. Die oberen Brötchenhälften auflegen.

LEBERKÄSE-BURGER

FÜR 4 PORTIONEN
ZUBEREITUNGSZEIT: CA. 35 MINUTEN

PRO PORTION
ca. 668 kcal/2795 kJ   28 g E   44 g F   41 g KH

BUNS
4 Laugenbrötchen

PATTYS
4 fingerdicke kleine Scheiben Leberkäse
    (je ca. 100 g) vom Metzger

TOPPINGS
100 g Feldsalat
4 Blätter Radicchio
½ Bund Schnittlauch
2 mittelgroße Zwiebeln
2 El mittelscharfer Senf
4 El Schmand
Pflanzenöl zum Braten
4 Eier
Salz
frisch gemahlener Pfeffer

1| Für die Toppings den Feldsalat, die Radicchioblätter und den Schnittlauch putzen, waschen und trocken schütteln. Die Zwiebeln abziehen und in feine Ringe schneiden. Den Schnittlauch in kleine Röllchen hacken. Senf, Schmand und Schnittlauchröllchen in einer Schüssel zu einer Creme verrühren.

2| Die Leberkäsescheiben von jeder Seite etwa 1–2 Minuten lang anbräunen.

3| Währenddessen die Zwiebelringe in einer Pfanne in etwas Öl glasig dünsten. Auf einen Teller geben und beiseitestellen. Ggf. noch etwas Öl in die Pfanne nachgießen und wieder heiß werden lassen. Die Eier in die Pfanne schlagen und 4 Spiegeleier braten. Mit Salz und Pfeffer würzen.

4| Die Brötchen halbieren. Die unteren Hälften mit der Hälfte der Senfcreme bestreichen und mit Feldsalat und je 1 Radicchioblatt bedecken. Den Leberkäse auflegen, darauf die Zwiebeln anrichten. Je 1 Spiegelei auf die Burger verteilen und eventuell mit Schnittlauchröllchen dekorieren. Die oberen Brötchenhälften ebenfalls mit der Senfcreme bestreichen und dazureichen.

PARMASCHINKEN-BURGER

FÜR 4 PORTIONEN
ZUBEREITUNGSZEIT: CA. 30 MINUTEN

PRO PORTION
ca. 1054 kcal/4410 kJ   76 g E   57 g F   41 g KH

BUNS
4 Ciabattabrötchen (Rezept Seite 15)

PATTYS
1 trockenes Brötchen
ca. 120 ml lauwarme Milch
600 g Schweinehack
2 El gewürfelter milder Speck
1 fein gewürfelte Zwiebel
2 Eier
2 gehackte festfleischige, kleine Tomaten
1 El Tomatenmark
1 El gehackte krause Petersilienblätter
1 El Pinienkerne
1 El Aceto balsamico zzgl. etwas zum Garnieren
½ Tl Paprikapulver
Meersalz
frisch gemahlener Pfeffer

TOPPINGS
150 g Rucola
2 El weißer Aceto balsamico
2 El Olivenöl
Salz
frisch gemahlener Pfeffer
12 Scheiben Parmaschinken
300 g Mozzarella affumicata

1| Das Brötchen würfeln und in der Milch 10 Minuten einweichen, gut ausdrücken. Mit den anderen Zutaten außer den Gewürzen in eine Schüssel geben und gut vermengen. Anschließend nach Belieben mit den Gewürzen abschmecken.

2| Mit feuchten Händen aus dem Teig 4 Pattys formen und von jeder Seite etwa 3–4 Minuten grillen.

3| Für die Toppings den Rucola waschen und trocken schütteln, große Blätter grob zerzupfen. Aus Aceto balsamico, Olivenöl und den Gewürzen ein Dressing anrühren und den Salat damit nicht zu feucht marinieren.

4| Die Burger-Brötchen halbieren. Jeweils die untere Brötchenhälfte mit Salat bedecken, darauf das Patty anrichten. Den Mozzarella in dicke Scheiben schneiden und auf das Patty legen. Je 3 Scheiben Parmaschinken locker darauf verteilen. Mit Aceto balsamico beträufeln und mit etwas Salz und Pfeffer würzen. Die obere Brötchenhälfte auflegen.

Dazu schmeckt
HASELNUSS-PESTO

Pro Portion ca. 330 kcal/1381 kJ
6 g E   13 g F   4 g KH

2 Bund glatte Petersilie
8 große Basilikumblätter
75 g Haselnüsse
2 Knoblauchzehen
60 ml Olivenöl
1 El Nussöl
3 El geriebener Parmesan
Salz
frisch gemahlener Pfeffer

Petersilie und Basilikumblätter waschen und trocken schütteln. Mit den Haselnüssen und den Knoblauchzehen im Mixer fein pürieren. Die Öle langsam einfließen lassen, Parmesan unterrühren und abschmecken. Das Pesto statt des Aceto balsamico großzügig auf die Mozzarellascheiben träufeln. Wer die Haselnüsse durch mehr Kräuter ersetzt, genießt ein köstliches Pesto verde.

Dazu schmecken

GEGRILLTE GRÜNE PEPERONI

Pro Portion ca. 31 kcal/130 kJ
0 g E   3 g F   1 g KH

16 kleine grüne Paprikaschoten
  (Pimientos de Padrón)
Olivenöl zum Beträufeln
Meersalz zum Bestreuen

Die Paprikaschoten putzen,
waschen, mit Olivenöl
beträufeln und weich grillen,
alternativ in einer Pfanne mit
Olivenöl scharf anbraten und
in 4-6 Minuten weich garen.
Mit reichlich Meersalz bestreut
servieren.

IBÉRICO-BURGER

MIT CHORIZO

FÜR 4 PORTIONEN
ZUBEREITUNGSZEIT: CA. 35 MINUTEN

PRO PORTION
ca. 1109 kcal/4640 kJ   60 g E   69 g F   45 g KH

BUNS
4 Roggenbrötchen (Rezept Seite 15)

PATTYS
1 trockenes Brötchen
ca. 120 ml lauwarme Milch
600 g Schweinehack
2 El gewürfelter geräucherter Speck
1 fein gewürfelte rote Zwiebel
1 fein gewürfelte Knoblauchzehe
2 Eier
2 El gehackte rote Paprikaschote
1 El rote Paprikapaste (Mojo)
1 Msp. mittelscharfes Pimentón de la Vera
   (spanisches Paprikapulver)
Meersalz
frisch gemahlener Pfeffer

TOPPINGS
200 g Manchego
150 g Chorizo
2 mittelgroße Kumato-Tomaten
reichlich Aioli (Rezept Seite 21) zum
   Bestreichen, Garnieren und Dazureichen

1| Das Brötchen würfeln und in der Milch 10 Minuten einweichen, gut ausdrücken. Mit den anderen Zutaten außer den Gewürzen in eine Schüssel geben und gut vermengen. Anschließend nach Belieben mit den Gewürzen kräftig abschmecken.

2| Mit feuchten Händen aus dem Teig 4 Pattys formen und von jeder Seite etwa 3-4 Minuten grillen.

3| Für die Toppings den Manchego in dünne Scheiben, die Chorizo in hauchfeine Scheiben schneiden. Die Tomaten waschen und ebenfalls in Scheiben schneiden, dabei den Stielansatz entfernen.

4| Die Burger-Brötchen halbieren. Jeweils die untere Brötchenhälfte mit Aioli bestreichen. So mit Manchegoscheiben belegen, dass die Käsedreiecke über die Brötchen hinausragen. Locker mit Chorizoscheiben bedecken und die Pattys darauf anrichten. Mit den Tomatenscheiben belegen und reichlich Aioli daraufgeben. Die obere Brötchenhälfte anlegen. Mit mehr Aioli servieren.

ALOHA-BURGER

FÜR 4 PORTIONEN
ZUBEREITUNGSZEIT: CA. 30 MINUTEN

PRO PORTION
ca. 928 kcal/3888 kJ   42 g E   58 g F   61 g KH

BUNS

4 Weizenbrötchen (Rezept Seite 15)

PATTYS

600 g Schweinefilet
Salz
frisch gemahlener Pfeffer
2 El Waldhonig
1 El Sesamsaat
4 Scheiben mittelalter Gouda
rote Pfefferkörner

TOPPINGS

4 dicke Scheiben Ananas
1 El brauner Zucker
6 El Salatcreme
1 kleiner Kopf Friséesalat
4 Cocktailkirschen

1| Das Schweinefilet schräg in größere, nicht zu dicke Scheiben schneiden. Die Medaillons würzen. Von jeder Seite nicht länger als 4-5 Minuten grillen, das Fleisch sollte noch zart und innen leicht rosafarben sein. Während des Grillens dünn mit Waldhonig bepinseln. Nach dem Grillen mit Sesamsaat bestreuen und die Käsescheiben auf die noch heißen Pattys legen, damit der Käse schmilzt. Großzügig rote Pfefferkörner darübergeben.

2| Die Ananasscheiben mit Zucker bestreuen, den Zucker ggf. mit dem Pfannenwender etwas andrücken. Die Scheiben von jeder Seite 2-3 Minuten grillen. Der Zucker sollte leicht karamellisiert, die Ananas jedoch nicht zu weich sein.

3| Die Burger-Brötchen halbieren und jeweils die untere Brötchenhälfte mit Salatcreme bestreichen. Den Salat putzen, die Blätter waschen und trocken schütteln, auf die Brötchenhälfte legen, darauf die Schweinemedaillons arrangieren. Die Ananasscheiben darauflegen. Mit den ganzen, halbierten oder in feine Scheibchen geschnittenen Cocktailkirschen garnieren. Die obere Brötchenhälfte aufsetzen.

Dazu schmeckt
APRIKOSEN-CHUTNEY

Pro Portion ca. 928 kcal/3883 kJ
42 g E   42 g F   61 g KH

2 getrocknete Aprikosen
5 frische Aprikosen
1 Tl Sonnenblumenöl
1 Prise getrockneter
    Kreuzkümmel
½ fein gehackte rote
    Chilischote
1 Tl Rosinen
1 Tl frisch geriebener Ingwer
1 Spritzer Zitronensaft
Salz
brauner Zucker

Die getrockneten Aprikosen
fein schneiden. Die frischen
Aprikosen waschen, entkernen
und das Fruchtfleisch in kleine
Stücke schneiden. In einem
Topf das Öl erhitzen und den
Kreuzkümmel hinzufügen.
Chili, getrocknete Aprikosen,
Rosinen und Ingwer ebenfalls
in den Topf geben. Die frischen
Aprikosen mit 1 El Wasser
zugeben. Bei milder Hitze nur
so lange garen lassen, bis die
Aprikosen weich sind. Zitro-
nensaft unterrühren und mit
Salz und Zucker abschmecken.
Abkühlen lassen und servieren.

BACON-BURGER

MIT STEINPILZEN

FÜR 4 PORTIONEN
ZUBEREITUNGSZEIT: CA. 35 MINUTEN (PLUS BRATZEIT)

PRO PORTION
ca. 897 kcal/3753 kJ   49 g E   60 g F   40 g KH

BUNS
Weizenbrötchen (Rezept Seite 15)

PATTYS
1 trockenes Brötchen
ca. 120 ml lauwarme Milch
600 g Schweinehack
2 El gewürfelter geräucherter Speck
2 fein gehackte Schalotten
2 Eier
2 El gehackte getrocknete Steinpilze
1 El geriebener Parmesan
4 in feine Streifen geschnittene Salbeiblätter
Salz
frisch gemahlener Pfeffer
4 Scheiben Bacon

TOPPINGS
2 Scheiben Bacon
250 g Feldsalat
600 g frische Steinpilze
Pflanzenöl zum Braten
20 g Butter
1 Tl Thymianblättchen
½ fein gehackte Knoblauchzehe
Salz
frisch gemahlener Pfeffer
1 El gehackte Petersilienblätter
2 El Schmand

1| Das Brötchen würfeln und in der Milch 10 Minuten einweichen, gut ausdrücken. Mit den anderen Zutaten außer den Gewürzen und dem Bacon in eine Schüssel geben und gut vermengen. Anschließend nach Belieben mit den Gewürzen abschmecken.

2| Mit feuchten Händen aus dem Teig 4 Pattys formen, die Baconscheiben darumlegen und von jeder Seite etwa 3-4 Minuten grillen. Die Burger-Brötchen halbieren und die Schnittflächen kurz auf dem Grill antoasten.

3| Für die Toppings in einer Pfanne den Bacon knusprig rösten. Aus der Pfanne nehmen, etwas abkühlen lassen und zerbröckeln. Den Feldsalat putzen, waschen und trocken schütteln.

4| Die Steinpilze putzen und in dicke Scheiben schneiden. Etwas Öl in einer Pfanne erhitzen und die Pilze darin anbraten. Butter, Thymian und Knoblauch zufügen und alles weiterbraten. Würzen, die Petersilie und den Schmand unterrühren.

5| Den Feldsalat auf die unteren Brötchenhälften verteilen, mit etwas von dem ausgelassenen Baconfett beträufeln. Den Bacon über den Salat streuen, darauf das Patty anrichten. Mit Steinpilzen bedecken und die oberen Brötchenhälften daraufsetzen.

Dazu BBQ-Sauce (Rezept Seite 23) servieren.

TAMARINDEN-BURGER
MIT CHINAKOHL

FÜR 4 PORTIONEN
ZUBEREITUNGSZEIT: CA. 35 MINUTEN (PLUS ZEIT ZUM MARINIEREN)

PRO PORTION
ca. 955 kcal/3996 kJ   52 g E   61 g F   47 g KH

BUNS
4 Weizenbrötchen mit Sesam (Rezept Seite 15)

PATTYS
600 g Schweinefilet
Für die Marinade:
50 g Tamarindenpaste zzgl. etwas zum
    Bestreichen der Brötchen
50 ml Aceto balsamico
100 ml Olivenöl
1 Zweig Oregano
4 gehackte Salbeiblätter
grob gemahlener bunter Pfeffer
    nach Belieben
Altbier zum Aufgießen

TOPPINGS
120 g Chinakohl
100 g Bambussprossen
1 Bund Frühlingszwiebeln
1 Bund Koriandergrün
3 Knoblauchzehen
180 g Schweinehack
Pflanzenöl zum Braten
1 El süße Sojasauce
1 El Sesamöl

1| In einer größeren flachen Schüssel alle Zutaten für die Marinade miteinander verrühren. Das Schweinefilet hineinlegen, mit Altbier aufgießen, sodass das Filet vollständig bedeckt ist. Abgedeckt und kühl mindestens 3 Stunden, besser über Nacht, marinieren.

2| Das Schweinefilet aus der Marinade nehmen und schräg in größere, nicht zu dicke Scheiben schneiden. Die Medaillons von jeder Seite nicht länger als 4–5 Minuten grillen, das Fleisch sollte noch zart und innen leicht rosafarben sein. Die Brötchen halbieren und die Schnittflächen auf dem Grill antoasten.

3| Für das Topping die Chinakohlblätter vom Strunk befreien, waschen und quer in feine Streifen schneiden, zuvor 4 Blätter beiseitelegen. Diese Blätter kurz in heißem Wasser blanchieren. Die Bambussprossen waschen und abtropfen lassen. Die Frühlingszwiebeln waschen, putzen und quer in feine Ringe schneiden. Das Koriandergrün waschen, trocken schütteln und fein hacken.

4| Den Knoblauch schälen, fein hacken und mit dem Hackfleisch bei starker Hitze in Pflanzenöl kräftig anbraten. Sojasauce sowie Sesamöl zugeben und leicht einkochen lassen. Chinakohl, Sprossen und Frühlingszwiebeln ebenfalls in Pflanzenöl bei starker Hitze ca. 3 Minuten andünsten und dann mit der Hackfleischmischung und dem Koriandergrün verrühren.

5| Die unteren Brötchenhälften mit wenig Tamarindenpaste bestreichen. Die blanchierten Chinakohlblätter darauflegen. Darauf die Medaillons arrangieren und diese mit der Hackfleischmischung bedecken, die oberen Brötchenhälften anlegen und mit je 1 Holzspieß fixieren.

APFEL-CHEESE-BURGER

FÜR 4 PORTIONEN
ZUBEREITUNGSZEIT: CA. 30 MINUTEN

PRO PORTION
ca. 866 kcal/3623 kJ   52 g E   51 g F   51 g KH

BUNS

4 Weizenbrötchen (Rezept Seite 15)

PATTYS

1 trockenes Brötchen
ca. 120 ml lauwarme Milch
1 mittelgroßer Apfel
600 g Schweinehack
1 fein gewürfelte Zwiebel
2 Eier
1 Tl scharfer Senf
1 El gehackte Petersilienblätter
Salz
frisch gemahlener Pfeffer

TOPPINGS

4 Scheiben Speck
1 mittelgroßer Apfel
1 rote Zwiebel
4 El Sour Cream (Rezept Seite 21)
4 Scheiben mittelalter Gouda
1 Kistchen Kresse

1| Das Brötchen würfeln und 10 Minuten in der Milch einweichen, gut ausdrücken. Den Apfel schälen, entkernen und fein würfeln. Alle Zutaten bis auf die Gewürze in eine Schüssel geben und gut vermengen. Anschließend nach Belieben mit den Gewürzen abschmecken.

2| Mit feuchten Händen aus dem Teig 4 Pattys formen und von jeder Seite etwa 3-4 Minuten grillen. Die Burger-Brötchen halbieren und die Schnittflächen kurz auf dem Grill antoasten.

3| Für die Toppings den Speck in einer Pfanne bei mittlerer Hitze knusprig braten. In der Zwischenzeit den Apfel schälen, entkernen und vierteln, dann die Viertel in Scheiben schneiden. Den Speck aus der Pfanne nehmen und die Apfelscheiben im Speckfett kurz andünsten. Die Zwiebel abziehen und in feine Scheiben schneiden.

4| Sour Cream auf den unteren Brötchenhälften verstreichen. Pattys auflegen und jeweils 1 Scheibe Speck sowie Zwiebel- und Apfelscheiben locker darauf arrangieren. Mit je 1 Scheibe Gouda belegen. Die Kresse vom Beet schneiden, waschen, trocknen und auf dem Käse verteilen. Die oberen Brötchenhälften anlegen.

LAMM & WILD

Lamm- oder Wildfleischpattys, die ca. 2 cm dick sind, werden bei direkter mittlerer bis starker Hitze von jeder Seite etwa 4–5 Minuten gegrillt. Wie lange genau gegrillt wird, hängt von der Art des Garguts, dem Grill und Ihrem persönlichen Geschmack ab.

Lamm- und Wildfleisch besitzen ein starkes Eigenaroma, würzen Sie also kräftig, zum Beispiel Lamm mit Beifuß, Bohnenkraut, Gewürznelke, Ingwer, Knoblauch, Kreuzkümmel, Kümmel, Lorbeer, Minze, Thymian oder Zitronenschale.

Zu Reh und Hirsch schmecken Kräuter und Gewürze wie Ingwer, Limone, Lorbeer, Muskat, Nelken, Piment, Rosmarin, Thymian, Wacholder oder Zimt, zu Wildschwein außerdem Kümmel.

LAMM-BURGER GRIECHISCH

FÜR 4 PORTIONEN
ZUBEREITUNGSZEIT: CA. 30 MINUTEN

PRO PORTION
ca. 768 kcal/3213 kJ   43 g E   39 g F   45 g KH

BUNS
4 Weizenbrötchen (Rezept Seite 15)

PATTYS
1 trockenes Brötchen
ca. 120 ml lauwarme Milch
1 Knoblauchzehe
1 Schalotte
600 g Lammhack
2 Eier
1 Tl getrockneter Oregano
Salz
frisch gemahlener Pfeffer
100 g Feta

TOPPINGS
¼ Eisbergsalat
1 Fleischtomate
50 g schwarze Oliven
50 g Feta
100 g griechischer Joghurt
1 gehackte Knoblauchzehe
Salz
frisch gemahlener Pfeffer
glatte Petersilienblätter zum Dekorieren

1| Das Brötchen würfeln und in der Milch 10 Minuten einweichen lassen, gut ausdrücken. Die Knoblauchzehe durch eine Knoblauchpresse drücken. Die Schalotte abziehen und fein hacken. Alle Zutaten für die Pattys bis auf Gewürze und Feta in eine Schüssel geben und gut vermengen. Das Lammhack mit den Gewürzen nach Belieben abschmecken.

2| Den Feta in vier gleich große Stücke schneiden. Mit feuchten Händen aus dem Lammhack 4 Kugeln formen. In jede Kugel eine Mulde drücken, Feta hineingeben und Mulde schließen, dann zu Pattys formen. Die Pattys von jeder Seite etwa 4–5 Minuten grillen. Die Burger-Brötchen halbieren und die Schnittflächen auf dem Grill kurz antoasten.

3| Für die Toppings den Salat putzen, waschen und grob zerzupfen. Tomate und Oliven in Scheiben schneiden. Feta mit der Gabel zerdrücken, dann mit Joghurt und Knoblauch verrühren. Mit Salz und Pfeffer abschmecken.

4| Die unteren Brötchenhälften mit etwas Salat belegen. Die Pattys und wieder Salat und Joghurtsauce darübergeben. Mit Tomatenscheiben belegen und mit Oliven und Petersilie dekorieren. Obere Brötchenhälften auflegen und mit je 1 Holzspieß fixieren.

KÜRBIS-HALLOUMI-BURGER

FÜR 4 PORTIONEN
ZUBEREITUNGSZEIT: CA. 35 MINUTEN

PRO PORTION
ca. 929 kcal/3887 kJ   54 g E   63 g F   45 g KH

BUNS

4 Ciabattabrötchen (Rezept Seite 15)

PATTYS

1 trockenes Brötchen
ca. 120 ml lauwarme Milch
600 g Lammhack
1 fein gewürfelte Schalotte
2 Eier
1/2 Zucchini
100 g Halloumi
1 Knoblauchzehe
1/2 Tl gemahlener Ingwer
1 Tl getrockneter Thymian
Salz, frisch gemahlener Pfeffer

TOPPINGS

120 g Halloumi
1 fein gewürfelte Schalotte
Olivenöl zum Anbraten
200 g Kürbis (z. B. Hokkaido, geputzt gewogen)
100 ml Gemüsebrühe
20 g Butter
1 Tl Thymianblättchen
1 Msp. Zimt, 1/2 Tl Currypulver
frisch gemahlener Pfeffer
2 El gehackte Kürbiskerne
2 El Kräuterfrischkäse

1| Das Brötchen würfeln und in der Milch 10 Minuten einweichen, gut ausdrücken. Mit dem Hack, den Schalottenwürfeln und den Eiern in eine Schüssel geben und gut vermengen. Die Zucchini waschen, putzen und grob reiben. Den Halloumi grob hacken. Anschließend die Knoblauchzehe schälen und durch eine Knoblauchpresse drücken. Zucchini, Käse und Knoblauch unter den Teig kneten. Den Teig mit den Gewürzen nach Belieben abschmecken.

2| Mit feuchten Händen aus dem Teig 4 Pattys formen und von jeder Seite etwa 4–5 Minuten grillen.

3| Für die Toppings den Halloumi längs halbieren und von beiden Seiten grillen, bis er etwas Farbe angenommen hat, er sollte jedoch nicht zu zäh werden. In Alufolie warm halten.

4| In einer großen Pfanne die Schalottenwürfel in etwas Öl glasig dünsten. Das Kürbisfleisch zugeben und kurz schmoren. Mit Gemüsebrühe löschen und zu Ende garen. Mit der Butter binden, Thymian und Gewürze unterrühren und nochmals abschmecken. In einer trockenen Pfanne die Kürbiskerne anrösten.

5| Die Ciabattabrötchen halbieren und mit Frischkäse bestreichen. Die Pattys darauflegen und mit reichlich Gewürzkürbis bedecken. Den gegrillten Halloumi in Segmente schneiden und gitterartig darüberlegen. Mit den Kürbiskernen bestreuen und die oberen Brötchenhälften anlegen und mit je 1 Holzspieß fixieren.

Dazu schmecken Kartoffel-Wedges (Rezept Seite 17) aus Süßkartoffeln.

KEBAB-BURGER

MIT GRILLGEMÜSE

FÜR 4 PORTIONEN
ZUBEREITUNGSZEIT: CA. 35 MINUTEN (PLUS KOCHZEIT)

PRO PORTION
ca. 637 kcal/2665 kJ   44 g E   52 g F   51 g KH

BUNS
4 Weizenbrötchen mit Sesam (Rezept Seite 15)

PATTYS
1 trockenes Brötchen
ca. 120 ml lauwarme Milch
400 g Lammhack
200 g Rinderhack
2 gewürfelte Schalotten
2 Eier
1 rote Chilischote
1 grüne Chilischote
1 Knoblauchzehe
½ Tl Paprikapulver edelsüß
Salz
frisch gemahlener Pfeffer

TOPPINGS
1 große rote Paprikaschote
1 Gemüsezwiebel
1 Aubergine
Olivenöl zum Beträufeln
Salz
frisch gemahlener Pfeffer
20 g Zucker
2 El fein gehackte Minzeblätter
100 g Naturjoghurt
100 ml Sahne

1| Das Brötchen würfeln und in der Milch 10 Minuten einweichen, gut ausdrücken. Dann mit dem Hack, den Schalotten und den Eiern in eine Schüssel geben und gut vermengen. Die Chilischoten halbieren, entkernen, waschen und fein hacken. Die Knoblauchzehe schälen und durch eine Knoblauchpresse drücken. Alles unter den Teig kneten und mit den Gewürzen nach Belieben abschmecken.

2| Mit feuchten Händen aus dem Teig 4 Pattys formen und von jeder Seite etwa 4-5 Minuten grillen.

3| Für die Toppings das Gemüse putzen, waschen bzw. schälen und in grobe Segmente bzw. dicke Scheiben schneiden. Mit Olivenöl beträufeln, würzen und von beiden Seiten grillen, bis das Gemüse weich ist und ein schönes Röstaroma hat.

4| In einem kleinen Topf Zucker, 1 El Minzeblätter und 100 ml Wasser bei niedriger Temperatur köcheln. Dabei immer wieder umrühren, bis sich der Zucker aufgelöst hat. Abkühlen lassen, dann mit Joghurt und Sahne cremig aufschlagen.

5| Die Brötchen halbieren und dünn mit Minzjoghurt bestreichen. Eine Hälfte des gegrillten Gemüses auf die Brötchen verteilen. Die Pattys darauflegen und mit der anderen Hälfte des Gemüses bedecken. Pfeffer darübermahlen. Dicke Tupfer von dem Minzjoghurt daraufsetzen und mit den restlichen Minzeblättern bestreuen. Die oberen Brötchenhälften aufsetzen und mit je 1 Holzspieß fixieren.

LAMM-SPINAT-BURGER

FÜR 4 PORTIONEN
ZUBEREITUNGSZEIT: CA. 35 MINUTEN (PLUS ZEIT ZUM DÜNSTEN)

PRO PORTION
ca. 895 kcal/3745 kJ   57 g E   49 g F   53 g KH

BUNS
4 Roggenbrötchen (Rezept Seite 15)

PATTYS
1 trockenes Brötchen
ca. 120 ml lauwarme Milch
10 schwarze Oliven ohne Stein
600 g Lammhack
1 gewürfelte Schalotte
2 Eier
1 Knoblauchzehe
½ Tl gemahlener Kreuzkümmel
1 Tl scharfes Paprikapulver
Salz
frisch gemahlener Pfeffer

TOPPINGS
5 Tl Mayonnaise (Rezept Seite 20)
3 Tl Meerrettich
500 g zarter frischer Blattspinat
500 g Lauch
2 El Butter
4 El Paniermehl
100 g frisch geriebener Parmesan
1 Msp. geriebene Muskatnuss
Salz
frisch gemahlener Pfeffer
2 El gehackte glatte Petersilienblätter

1| Für die Pattys das Brötchen würfeln und in der Milch 10 Minuten einweichen, gut ausdrücken. Die Oliven klein schneiden. Das Hack und die restlichen Zutaten bis auf die Gewürze und den Knoblauch in eine Schüssel geben und gut vermischen. Anschließend die Knoblauchzehe schälen, durch eine Knoblauchpresse drücken und unterkneten. Den Teig mit den Gewürzen nach Belieben abschmecken.

2| Mit angefeuchteten Händen aus dem Teig 4 Pattys formen und von jeder Seite etwa 4–5 Minuten grillen. Die Brötchen halbieren und die Schnittflächen auf dem Grill antoasten.

3| Für die Toppings die Mayonnaise mit dem Meerrettich verrühren. Die Spinatblätter waschen und gut abtropfen lassen. Die Lauchstangen waschen, putzen und in dünne Scheiben schneiden.

4| In einer Pfanne die Butter zerlassen und die Lauchringe darin 8–10 Minuten andünsten. Den Spinat zugeben und die Blätter leicht zusammenfallen lassen. Vom Herd nehmen. Sollte die Mischung zu flüssig sein, das Gemüse in einem Sieb etwas abtropfen lassen. In einer Schüssel den Lauch und den Spinat mit dem Paniermehl und dem Parmesan mischen. Mit den Gewürzen abschmecken.

5| Die untere Brötchenhälfte mit je 1 Tl Meerrettich-Mayonnaise bestreichen. Die Spinat-Lauch-Mischung auf den Buns verteilen und je 1 Patty auflegen. Mit der gehackten Petersilie bestreuen. Die oberen Brötchenhälften gleichmäßig mit der restlichen Mayonnaise bestreichen und anlegen.

Dazu schmeckt

GRANAT-APFEL-RELISH

Pro Portion ca. 114 kcal/477 kJ
1 g E   7 g F   11 g KH

2 Granatäpfel
1 Schalotte
2 El fein gehackte
  Basilikumblätter
1 Tl geriebener Ingwer
2 El Olivenöl
4 El Apfelessig
1 Msp. Zimt
1 Msp. Chilipulver
Salz
frisch gemahlener Pfeffer

Die Granatäpfel halbieren und
die Kerne herauslösen. Die
Schalotte schälen und fein
hacken. In einer Schüssel
Granatapfelkerne und Schalot-
tenwürfel mit dem Basilikum
und dem Ingwer mischen.
Olivenöl und Apfelessig zugeben und das Ganze nach
Belieben würzen. Vor dem
Servieren etwa 30 Minuten
durchziehen lassen.

LAMM-AUBERGINEN-BURGER

FÜR 4 PORTIONEN
ZUBEREITUNGSZEIT: CA. 40 MINUTEN (PLUS ZEIT ZUM ZIEHEN)

PRO PORTION
ca. 1229 kcal/5142 kJ   48 g E   93 g F   48 g KH

BUNS
4 Weizenbrötchen (Rezept Seite 15)

PATTYS
1 trockenes Brötchen
ca. 120 ml lauwarme Milch
1 Zwiebel
100 g Feta
600 g Lammhack
2 Eier
1 Knoblauchzehe
1 Tl getrockneter Salbei
Salz, frisch gemahlener Pfeffer

TOPPINGS
2 Auberginen, Salz
2 Fleischtomaten
1 Zweig Rosmarin
4 El Olivenöl
1 Schälchen Rote-Bete-Sprossen

Für die Salsa verde:
2 Knoblauchzehen, 1 Zwiebel
1 El eingelegte Kapern
2 El Schnittlauchröllchen
2 El gehackte Basilikumblätter
150 ml Olivenöl, ½ El Himbeeressig
1 El Limettensaft
Salz, frisch gemahlener Pfeffer

1| Das Brötchen würfeln und in der Milch 10 Minuten einweichen, gut ausdrücken. Die Zwiebel schälen, fein hacken und den Schafskäse in kleine Würfel schneiden. Das Hack und die restlichen Zutaten bis auf den Knoblauch und die Gewürze in eine Schüssel geben und gut vermischen. Anschließend die Knoblauchzehe schälen, durch eine Knoblauchpresse drücken und unterkneten. Den Teig mit den Gewürzen nach Belieben abschmecken. Mit angefeuchteten Händen 4 Pattys formen und von jeder Seite 4–5 Minuten grillen.

2| Die Auberginen waschen, trocken reiben und in 1 cm dicke Scheiben schneiden. Die Scheiben mit etwas Salz bestreuen und 5 Minuten ziehen lassen.

3| In der Zwischenzeit für die Salsa verde den Knoblauch und die Zwiebel abziehen und fein hacken. Die Kapern abtropfen lassen und klein schneiden. Knoblauch, Zwiebelwürfel und Kapern mit Schnittlauch und Basilikum in eine Schüssel geben. Öl, Essig und Limettensaft hinzufügen und alles gut vermengen. Würzen.

4| Die Tomaten in Scheiben schneiden, dabei den Stielansatz entfernen. Die Auberginenscheiben mit Küchenpapier trocken tupfen. Rosmarin fein hacken und mit dem Olivenöl vermischen. Die Auberginen von beiden Seiten mit dem Öl bestreichen und salzen. Auf dem Grill in etwa 6–8 Minuten von beiden Seiten bräunen.

5| Die Brötchen halbieren und den unteren Teil mit der Hälfte der Salsa verde bestreichen. Die Tomaten auf den Buns verteilen. Je 1 Patty auflegen, dann die Auberginenscheiben darauf anrichten und das Gemüse mit der restlichen Salsa bedecken. Mit Sprossen garnieren und die oberen Brötchenhälften anlegen.

FEURIGE LAMM-BURGER

FÜR 4 PORTIONEN
ZUBEREITUNGSZEIT: CA. 40 MINUTEN

PRO PORTION
ca. 753 kcal/3151 kJ   41 g E   46 g F   46 g KH

BUNS

4 Weizenbrötchen (Rezept Seite 15)

PATTYS

1 trockenes Brötchen
ca. 120 ml lauwarme Milch
1 rote Chilischote
4 getrocknete Tomaten in Öl
600 g Lammhack
1 fein gewürfelte Schalotte
2 Eier
1 Knoblauchzehe
1 Tl Kreuzkümmel
Salz
frisch gemahlener Pfeffer

TOPPINGS

4 große Blätter Eichblattsalat
1 rote Paprikaschote
2 El Öl
1 rote Zwiebel
1 El getrockneter Oregano
4 El Mayonnaise (Rezept Seite 20)

1| Das Brötchen würfeln und in der Milch 10 Minuten einweichen lassen, gut ausdrücken. Die Chilischote entkernen, waschen und fein würfeln. Tomaten abtropfen lassen und ebenfalls fein würfeln. Alle Zutaten für die Pattys bis auf den Knoblauch und die Gewürze in eine Schüssel geben und gut vermengen. Anschließend die Knoblauchzehe schälen, durch eine Knoblauchpresse drücken und unterkneten. Den Teig mit den Gewürzen nach Belieben abschmecken.

2| Mit feuchten Händen aus dem Teig 4 Pattys formen und von jeder Seite etwa 4-5 Minuten grillen. Die Burger-Brötchen halbieren und die Schnittflächen auf dem Grill kurz antoasten.

3| Für die Toppings die Salatblätter waschen und trocken schütteln. Paprika längs vierteln, entkernen, waschen und mit Öl einpinseln. Zwiebel schälen und in dicke Scheiben schneiden. Beide Gemüse von beiden Seiten ca. 3-4 Minuten grillen (Zwiebel ggf. auf Alufolie), dann mit Oregano bestreuen.

4| Die unteren Brötchenhälften jeweils mit 1 El Mayonnaise bestreichen und mit Salat belegen. Die Pattys auflegen, dann geröstete Paprika und Zwiebelringe darauf arrangieren. Obere Brötchenhälften dazureichen.

Dazu schmeckt
TOMATEN-SALSA

Pro Portion ca. 90 kcal/377 kJ
1 g E   6 g F   7 g KH

200 g Tomaten
2 El Öl
1 fein gehackte Zwiebel
1 fein gehackte rote Chilischote
1 fein gehackte Knoblauchzehe
4 El gehackte Petersilien-
    blätter
Salz
frisch gemahlener Pfeffer

Die Tomaten überbrühen,
häuten, entkernen und klein
schneiden. In einem kleinen
Topf Öl erhitzen und Zwiebel,
Chili und Knoblauch darin
andünsten. Dann Tomaten
hinzufügen, aufkochen und bei
offenem Topf garen, bis die
Mischung etwas eindickt.
Petersilie einrühren und mit
Salz und Pfeffer pikant abschmecken. Warm oder kalt
servieren.

ARTISCHOCKEN-BURGER

FÜR 4 PORTIONEN
ZUBEREITUNGSZEIT: CA. 30 MINUTEN

PRO PORTION
ca. 853 kcal/3569 kJ   46 g E   56 g F   43 g KH

BUNS
4 Weizenbrötchen (Rezept Seite 15)

PATTYS
1 trockenes Brötchen
ca. 120 ml lauwarme Milch
600 g Lammhack
40 g Pinienkerne
1 fein gewürfelte Schalotte
2 Eier
2 El gehackte glatte Petersilienblätter
Salz
frisch gemahlener Pfeffer

TOPPINGS
4 Artischockenherzen (aus der Dose)
100 g Feta
4 getrocknete Tomaten in Öl
1 Tl getrockneter Thymian
frisch gemahlener Pfeffer
4 El Crème fraîche
einige Zweige glatte Petersilie zum Garnieren

1| Das Brötchen würfeln und in der Milch 10 Minuten einweichen lassen, gut ausdrücken. Alle Zutaten für die Pattys bis auf die Gewürze in eine Schüssel geben und gut vermengen. Den Teig mit den Gewürzen nach Belieben abschmecken.

2| Mit feuchten Händen aus dem Teig 4 Pattys formen und von jeder Seite etwa 4–5 Minuten grillen. Die Burger-Brötchen halbieren und die Schnittflächen auf dem Grill kurz antoasten.

3| Für die Toppings die Artischockenherzen abtropfen lassen und jeweils in 4 Scheiben schneiden. Feta mit der Gabel zerdrücken. Die Tomaten abtropfen lassen, fein hacken und mit dem Feta mischen. Etwas von dem Tomatenöl unter die Fetamischung rühren und mit Thymian und Pfeffer abschmecken.

4| Die unteren Brötchenhälften mit je 1 El Crème fraîche bestreichen und die Pattys auflegen. Die Artischockenscheiben darauf arrangieren. Tomaten-Feta-Mischung auf den Burgern verteilen. Die oberen Brötchenhälften aufsetzen.

REH-BURGER MIT QUITTEN
UND PREISELBEER-RELISH

FÜR 4 PORTIONEN
ZUBEREITUNGSZEIT: CA. 40 MINUTEN (PLUS KOCHZEIT)

PRO PORTION
ca. 1046 kcal/4377 kJ   50 g E   25 g F   131 g KH

BUNS
4 Roggenbrötchen (Rezept Seite 15)

PATTYS
600 g Rehhack
3 fein gewürfelte Schalotten
150 g gewürfelter ungeräucherter Speck
4 El Paniermehl, 2 Eier
1 Tl Dijonsenf
1 Tl frisch gehackter Thymian
1 Tl frisch gehackter Rosmarin
1 Tl Abrieb von 1 unbehandelten Orange
Salz, frisch gemahlener Pfeffer

TOPPINGS
320 g Quitten (Birnenquitten)
50 g brauner Zucker
250 ml roter Süßwein (z. B. Marsala)
1 Msp. Zimt
Speisestärke zum Binden nach Belieben

Für das Preiselbeer-Relish:
1 Chilischote, 2 große rote Zwiebeln
1 Birne
1 El Sonnenblumenöl, 50 ml Weißweinessig
Saft von 1 Orange
250 g Preiselbeeren (aus dem Glas)
   zzgl. zum Bestreuen
100 g brauner Zucker, 1 Prise Salz

1| Das Hackfleisch in eine Schüssel geben und mit den restlichen Zutaten gut vermengen. Zum Schluss mit Salz und Pfeffer abschmecken. Mit feuchten Händen aus dem Teig 4 Pattys formen und von jeder Seite etwa 4–5 Minuten grillen. Die Brötchen halbieren und die Schnittflächen auf dem Grill antoasten.

2| Für die Toppings die Quitten vierteln, schälen und das Kerngehäuse entfernen. In Spalten schneiden. In einer Pfanne den Zucker leicht karamellisieren und mit dem Wein ablöschen. Die Quitten darin dünsten, bis sie beginnen, weich zu werden, mit Zimt abschmecken. Eventuell etwas Wein nachgießen und reduzieren lassen. Nach Belieben 1 Esslöffel von der Flüssigkeit entnehmen und mit 1 Tl Stärke verrühren, zu den Quitten geben und die Flüssigkeit binden.

3| Für das Relish die Chilischote halbieren, entkernen, waschen und fein schneiden. Die Zwiebeln abziehen und fein würfeln. Die Birne schälen, vierteln, entkernen und in grobe Stücke schneiden.

4| In einem Topf das Öl erhitzen und die Chili- und Zwiebelstücke darin anschwitzen. Mit Essig und Orangensaft ablöschen. Danach die Preiselbeeren, die Birnenstücke und den Zucker unterheben. 1 Prise Salz zufügen und alles bei mäßiger Hitze köcheln lassen, bis die Mischung eingedickt ist. Abkühlen lassen.

5| Die unteren Brötchenhälften dick mit dem Preiselbeer-Relish bestreichen. Die Pattys auflegen und diese mit den Quittenspalten belegen. Mit der Weinreduktion beträufeln und einige Preiselbeeren darüberstreuen. Die obere Brötchenhälfte dazureichen.

WILDSCHWEIN-BURGER

MIT ROSENKOHL

FÜR 4 PORTIONEN

ZUBEREITUNGSZEIT: CA. 30 MINUTEN (PLUS KOCHZEIT)

PRO PORTION

ca. 1063 kcal/4448 kJ   72 g E   54 g F   50 g KH

BUNS

4 Roggenbrötchen (Rezept Seite 15)

PATTYS

600 g Wildschweinhack

3 fein gewürfelte Schalotten

80 g gewürfelter ungeräucherter Speck

½ kleine, geriebene Sellerieknolle

4 El Paniermehl

2 Eier

1 Tl Tomatenmark

½ Tl Kreuzkümmel

1 Tl frisch gehackter Rosmarin

1 Prise gemahlener Piment

Salz

frisch gemahlener Pfeffer

TOPPINGS

400 g Rosenkohl

Salz

20 g Butter

geriebene Muskatnuss

frisch gemahlener Pfeffer

100 g gewürfelter Kochschinken

Haselnusspesto zum Bestreichen
   (Rezept Seite 77)

4 Scheiben Gouda

1| Für die Toppings den Rosenkohl waschen, putzen und in Salzwasser etwa 7-8 Minuten blanchieren. Die Röschen halbieren, große vierteln. In einem Topf die Butter zerlassen und den Rosenkohl darin schwenken. Mit den Gewürzen abschmecken und die Schinkenwürfel unterrühren, ggf. noch etwas Butter zugeben.

2| Für die Pattys das Hackfleisch in eine Schüssel geben und mit den restlichen Zutaten gut vermengen. Zum Schluss mit Salz und Pfeffer abschmecken. Mit feuchten Händen aus dem Teig 4 Pattys formen und von jeder Seite etwa 4-5 Minuten grillen. Die Brötchen halbieren und die Schnittflächen auf dem Grill antoasten.

3| Die unteren Brötchenhälften mit Haselnusspesto bestreichen. Die noch heißen Pattys darauflegen und mit den Käsescheiben bedecken, sie sollten schmelzen. Darauf den Rosenkohl anrichten und die oberen Brötchenhälften aufsetzen.

Dazu schmecken frische Bratkartoffeln.

GEFLÜGEL

Pattys aus gehacktem Geflügelfleisch, die ca. 2 cm dick sind, werden bei direkter mittlerer bis starker Hitze von jeder Seite etwa 3–4 Minuten gegrillt. Geflügelfleisch ist sehr zart, die genaue Grilldauer kann also auch einmal kürzer ausfallen.

Das Fleisch harmoniert mit Kräutern und Gewürzen wie zum Beispiel Beifuß, Bohnenkraut, Estragon, Knoblauch, Koriander, Kreuzkümmel, Petersilie, Safran, Thymian oder Zitronengras.

CHICKEN-BURGER

MIT SPECK

FÜR 4 PORTIONEN
ZUBEREITUNGSZEIT: CA. 25 MINUTEN

PRO PORTION
ca. 609 kcal/2548 kJ   41 g E   29 g F   45 g KH

BUNS
4 Weizenbrötchen (Rezept Seite 15)

PATTYS
600 g Geflügelhack vom Metzger
1 gehackte kleine Zwiebel
abgeriebene Schale von 1 unbehandelten
    Zitrone
2 El Schmand
1 Ei
4 El Paniermehl
½ Tl Currypulver
Salz
frisch gemahlener Pfeffer

TOPPINGS
4 Scheiben Speck
4 große Blätter Kopfsalat
1 Fleischtomate
1 Knoblauchzehe
50 g Mayonnaise (siehe Rezept Seite 20)

1| Die Zutaten bis auf die Gewürze in eine Schüssel geben und gut vermengen, anschließend mit Salz und Pfeffer abschmecken.

2| Mit feuchten Händen aus dem Teig 4 Pattys formen und von jeder Seite etwa 3-4 Minuten grillen. Die Burger-Brötchen halbieren und die Schnittflächen auf dem Grill kurz antoasten.

3| Für die Toppings den Speck in einer Pfanne bei mittlerer Hitze knusprig braten. Währenddessen den Salat waschen und trocken schütteln. Die Fleischtomate waschen und in 8 Scheiben schneiden, dabei den Stielansatz entfernen. Den Knoblauch abziehen, fein hacken. Mayonnaise und Knoblauch verrühren.

4| Die unteren Brötchenhälften mit Salat und Tomatenscheiben belegen. Je 1 Patty und 1 Scheibe Speck darauf verteilen und mit einem guten Klecks Knoblauchmayonnaise abschließen. Mit den oberen Brötchenhälften bedecken.

SESAM-CHICKEN-BURGER
MIT SPARGEL

FÜR 4 PORTIONEN
ZUBEREITUNGSZEIT: CA. 40 MINUTEN (PLUS GARZEIT)

PRO PORTION
ca. 873 kcal/3653 kJ   49 g E   54 g F   48 g KH

BUNS
4 Weizenbrötchen mit Sesam (Rezept Seite 15)

PATTYS
600 g Geflügelhack vom Metzger
1 gehackte kleine Zwiebel
1 Tl Abrieb von 1 unbehandelten Zitrone
2 El Schmand
1 Ei
4 El Paniermehl
1 El Sesamsaat
1 El Tahini (Sesampaste)
Salz, frisch gemahlener Pfeffer

TOPPINGS
150 g weißer Spargel
Zucker
Butter
½ Kopf Lollo bianco
4 Scheiben Prosciutto

Für die Sauce hollandaise:
1 unbehandelte Zitrone
1 Tl Weißweinessig
½ Tl zerstoßene weiße Pfefferkörner
   zzgl. etwas zum Bestreuen
2 Eigelb
120 g Butter, Salz

1| Die Zutaten bis auf die Gewürze in eine Schüssel geben und gut vermengen, anschließend mit den Gewürzen abschmecken. Mit feuchten Händen aus dem Teig 4 Pattys formen und von jeder Seite etwa 3–4 Minuten grillen. Die Brötchen halbieren und die Schnittflächen auf dem Grill antoasten.

2| Den Spargel schälen. In reichlich Wasser mit 1 Prise Zucker und Butter ca. 10 Minuten nicht zu weich garen. In 2–3 cm lange Abschnitte teilen und beiseitestellen. Den Salat waschen und trocknen.

3| In der Zwischenzeit für die Sauce hollandaise die Zitrone halbieren. Die Zitronenhälften mit der Schnittfläche auf den Grill legen, einige Minuten anrösten lassen. Eine Hälfte auspressen und die Schale abreiben.

4| In einem Topf 2 El Wasser mit dem Essig und der Pfefferkörnern erhitzen und etwas einkochen, dann abkühlen lassen. Die Reduktion in einer Metallschüssel ins heiße Wasserbad stellen und die Eigelbe darin schaumig schlagen. Nicht kochen! Die Butter zerlassen und langsam dazugeben, die Sauce dick aufschlagen. Mit Salz, Zitronensaft und etwas Zitronenabrieb abschmecken.

5| Die untere Brötchenhälfte dünn mit der Sauce hollandaise bestreichen. Die Salatblätter drauflegen. Den Prosciutto locker auf dem Salat drapieren. Die Pattys auflegen, darauf die Spargelabschnitte anrichten und dicke Tupfer von der Sauce hollandaise daraufsetzen oder alternativ zuvor Spargelabschnitte und Sauce hollandaise mischen. Pfeffer grob darübermahlen und den restlichen Zitronenabrieb daraufstreuen. Obere Brötchenhälfte aufsetzen. Mit Vierteln der gerösteten Zitronenhälfte servieren.

TANDOORI-BURGER

MIT CURRY-BLUMENKOHL

FÜR 4 PORTIONEN
ZUBEREITUNGSZEIT: CA. 30 MINUTEN (PLUS KOCHZEIT)

PRO PORTION
ca. 970 kcal/4058 kJ   44 g E   49 g F   64 g KH

BUNS
1 Naanbrot mit Sesam

PATTYS
600 g Geflügelhack vom Metzger
1 gehackte kleine Zwiebel
1 TI Zitronenabrieb, 2 El Lassi
4 El Paniermehl
2 El gehackte Trockenpflaumen
1 Ei, 1 TI Tandoori-Gewürz für Hähnchen
1 Msp. gemahlener Kardamom
1 TI geriebener Ingwer
Salz, frisch gemahlener Pfeffer

TOPPINGS
2 rote Paprikaschoten, 200 g Blumenkohl
200 g grüne Bohnen (aus dem Glas)
2 El Sojaöl, 1 fein gehackte Zwiebel
2 El rote Currypaste, 150 ml Kokosmilch
3 Kaffir-Limettenblätter, Zucker, Salz

Für die Currysauce:
2 kleine reife Tomaten, 2 El Pflanzenöl
1 TI Senfsaat, 2 El Chiliflocken
2 fein gehackte Zwiebeln
½ TI gemahlener Koriander
½ TI Garam Masala, ½ TI gemahlene Kurkuma
½ TI Cayennepfeffer, Salz, frisch gemahlener
Pfeffer, 100 ml Kokosmilch

1| Die Zutaten für die Pattys bis auf die Gewürze in eine Schüssel geben und gut vermengen, anschließend mit den Gewürzen abschmecken. Mit feuchten Händen aus dem Teig 4 Burger formen und von jeder Seite etwa 3–4 Minuten grillen. Die Naanbrote halbieren und auf dem Grill antoasten.

2| Für die Toppings die Paprika putzen, entkernen und waschen. Eine Paprika vierteln, die andere in feine Streifen schneiden. Die Viertel auf dem Grill rösten. Den Blumenkohl putzen, waschen und in Röschen teilen. Die Bohnen halbieren oder vierteln.

3| In einer Pfanne das Sojaöl erhitzen und darin die Zwiebelwürfel mit der Currypaste anbraten. Mit Kokosmilch löschen. Die Kaffir-Limettenblätter zugeben und alles einkochen lassen, ggf. weitere Kokosmilch zugeben. Die Limettenblätter entnehmen, dann Paprikastreifen und Blumenkohl unterrühren. So lange köcheln, bis die Gemüse weich sind, dann die Bohnen zufügen. Mit Zucker und Salz abschmecken.

4| Für die Sauce die Tomaten waschen und vierteln, dabei die Stielansätze entfernen. Das Öl in einer Pfanne erhitzen und die Senfkörner darin unter Rühren zum Platzen bringen. Chiliflocken und Zwiebeln zugeben und Letztere weich schmoren. Die übrigen Gewürze und die Tomaten zugeben und weitere 5 Minuten schmoren. Kokosmilch angießen und alles zu einer sämigen Sauce reduzieren lassen.

5| Eine Brothälfte mit etwas Currysauce bestreichen und mit gegrillter Paprika belegen. Darauf 1 Patty anrichten. Den Curryblumenkohl daraufhäufeln und die andere Brothälfte aufsetzen. Mit Holzstäbchen fixieren und mit der restlichen Currysauce servieren.

ORANGEN-CURRY-BURGER

MIT ZIEGENKÄSE

FÜR 4 PORTIONEN
ZUBEREITUNGSZEIT: CA. 25 MINUTEN

PRO PORTION
ca. 744 kcal/3113 kJ   48 g E   36 g F   53 g KH

BUNS
4 Roggenbrötchen (Rezept Seite 15)

PATTYS
600 g Putenhack vom Metzger
1 gehackte kleine Zwiebel
1 Tl Abrieb von 1 unbehandelten Orange
2 El Schmand
1 Ei
4 El Paniermehl
½ Tl Currypulver
Meersalz
frisch gemahlener Pfeffer

TOPPINGS
1 kleiner Kopf Lollo rosso
1 El Traubenkernöl
1 El Himbeeressig
Meersalz
frisch gemahlener Pfeffer
1 große Orange
2 El Waldhonig
2 El grobkörniger süßer Senf
4 kleine Ziegenkäse (à 50 g)

1| Die Zutaten bis auf die Gewürze in eine Schüssel geben und gut vermengen, anschließend mit den Gewürzen abschmecken. Mit feuchten Händen aus dem Teig 4 Pattys formen und von jeder Seite etwa 3-4 Minuten grillen. Die Brötchen halbieren und die Schnittflächen auf dem Grill antoasten.

2| Für die Toppings den Salat waschen und trocken schleudern. Aus Öl, Essig, Salz und Pfeffer ein Dressing herstellen und den Salat damit marinieren, er sollte nicht zu feucht werden.

3| Die Orange schälen und filetieren. In einer Pfanne den Honig erwärmen und die Filets darin schwenken.

4| Die unteren Brötchenhälften mit dem Senf bestreichen und locker mit Salat bedecken. Die Pattys in den Salat betten und den Ziegenkäse auflegen. Mit noch heißen Orangenfilets bedecken und den Honig aus der Pfanne darüberträufeln. Die obere Brötchenhälfte aufsetzen und mit je 1 Holzspieß fixieren.

PUTEN-BURGER MIT EI

FÜR 4 PORTIONEN
ZUBEREITUNGSZEIT: CA. 25 MINUTEN

PRO PORTION
ca. 622 kcal/2602 kJ   44 g E   26 g F   46 g KH

BUNS

4 Weizenbrötchen (Rezept Seite 15)

PATTYS

600 g Putenhack vom Metzger
1 gehackte kleine Zwiebel
1 Tl geriebener Ingwer
2 El Schmand
1 Ei
4 El Paniermehl
½ Tl getrockneter Oregano
Salz
frisch gemahlener Pfeffer

TOPPINGS

4 große Blätter Kopfsalat
2 mittelgroße Romatomaten
2 hart gekochte Eier
1 Schälchen Brunnenkresse
4 Tl Mayonnaise (Rezept Seite 20)
1 Knoblauchzehe
1 El eingelegte Kapern
Salz
frisch gemahlener Pfeffer

1| Für die Pattys alle Zutaten bis auf die Gewürze in eine Schüssel geben und gut vermischen. Den Teig mit den Gewürzen nach Belieben abschmecken.

2| Aus dem Teig 4 Pattys formen und von jeder Seite etwa 3–4 Minuten grillen. Die Brötchen halbieren und die Schnittflächen kurz auf dem Grill antoasten.

3| In der Zwischenzeit für die Toppings die Salatblätter waschen und trocken schütteln. Die Tomaten waschen und in Scheiben schneiden, dabei den Stielansatz entfernen. Die Eier pellen und ebenfalls vorsichtig per Hand in Scheiben schneiden oder einen Eierschneider verwenden. Die Brunnenkresse waschen und trocknen. Die Mayonnaise mit der gepressten Knoblauchzehe und gehackten Kapern verfeinern.

4| Die untere Brötchenhälfte mit je 1 Tl Kapern-Mayonnaise bestreichen. Mit je 1 Salatblatt und mit Tomatenscheiben belegen. Dabei die Tomaten leicht salzen und pfeffern. Das Patty daraufgeben und die ebenfalls mit Salz und Pfeffer gewürzten Eierscheiben darauf arrangieren. Die Brunnenkresse auf den Eierscheiben anrichten. Die zweite Brötchenhälfte aufsetzen und alles mit je 1 Holzspieß fixieren.

TERIYAKI-BURGER

FÜR 4 PORTIONEN
ZUBEREITUNGSZEIT: CA. 35 MINUTEN (PLUS ZEIT ZUM MARINIEREN)

PRO PORTION
ca. 457 kcal/192 kJ   38 g E   14 g F   40 g KH

BUNS
4 Weizenbrötchen mit Sesam (Rezept Seite 15)

PATTYS
4 Hähnchenbrustfilets (à 125 g)
4 El Sojasauce
2 El Sherry
1 El geriebener Ingwer
1 fein gehackte Knoblauchzehe
1 Tl Honig

TOPPINGS
100 g Rucola
1 Fleischtomate
1 Zwiebel
3 El mittelscharfer Senf
1 El Honig
3 El Vollmilchjoghurt
1 El Balsamico bianco
2 El Olivenöl
Salz
frisch gemahlener Pfeffer

1| Hähnchenfleisch waschen und trocken tupfen. Für die Marinade die übrigen Zutaten gut verquirlen. Das Fleisch in einen ausreichend großen Gefrierbeutel füllen und die Marinade dazugießen. Den Beutel gut verschließen und das Fleisch über Nacht marinieren lassen.

2| Die Hähnchenfilets abtropfen lassen und von jeder Seite 5-10 Minuten grillen, bis sie gar und goldbraun sind. Die Burger-Brötchen halbieren und die Schnittflächen auf dem Grill kurz antoasten.

3| Für die Toppings den Rucola waschen und trocknen. Die Tomate waschen und in Scheiben schneiden, dabei die Stielansätze entfernen. Die Zwiebel abziehen und ebenfalls in Scheiben schneiden.

4| Senf, Honig, Joghurt und Balsamico bianco gut verrühren und zum Schluss das Öl untermixen, bis eine cremige Sauce entsteht. Mit Salz und Pfeffer abschmecken.

5| Die unteren Brötchenhälften mit etwas Rucola belegen. Hähnchenfilets auflegen und darauf nacheinander die Tomatenscheiben, den restlichen Rucola und die Zwiebelringe anrichten. Mit Honig-Senf-Dressing beträufeln. Die oberen Brötchenhälften auflegen und mit je 1 Holzspieß fixieren.

ANANAS-BURGER

FÜR 4 PORTIONEN
ZUBEREITUNGSZEIT: CA. 30 MINUTEN

PRO PORTION
ca. 714 kcal/2987 kJ   47 g E   34 g F   59 g KH

BUNS
4 Ciabattabrötchen (Rezept Seite 15)

PATTYS
600 g Hähnchenhack vom Metzger
1 gehackte kleine Zwiebel
2 El Schmand
1 Ei
4 El Paniermehl
2 El gehackte glatte Petersilienblätter
1 Tl Fünf-Gewürze-Pulver
Salz
frisch gemahlener Pfeffer
4 Scheiben frische Ananas

TOPPINGS
4 große Blätter Eisbergsalat
4 Tl Mayonnaise (Rezept Seite 20)
1 Tl Currypulver
1 Msp. Chilipulver
4 Scheiben Gruyère

1| Das Hackfleisch mit allen Zutaten bis auf Gewürze und Ananas in eine Schüssel geben und alles gut vermischen. Den Teig nach Belieben würzen.

2| Die Ananasscheiben mit dem Fleischteig umhüllen, dabei das Loch in der Mitte aussparen. Die Pattys von jeder Seite etwa 3-4 Minuten grillen. Die Brötchen halbieren und die Schnittflächen kurz auf dem Grill antoasten.

3| In der Zwischenzeit für die Toppings die Salatblätter waschen und trocken schütteln. Die Mayonnaise mit dem Curry- und dem Chilipulver vermischen.

4| Die untere Ciabattahälfte mit je 1 Tl Curry-Mayonnaise bestreichen und mit je 1 Salatblatt belegen. Das Ananaspatty auf den Salat legen. Zum Schluss je 1 Scheibe Käse ergänzen und die zweite Brötchenhälfte aufsetzen.

MANGO-CHICKEN-BURGER

FÜR 4 PORTIONEN
ZUBEREITUNGSZEIT: CA. 30 MINUTEN

PRO PORTION
ca. 725 kcal/3033 kJ   44 g E   36 g F   59 g KH

BUNS
4 Weizenbrötchen (Rezept Seite 15)

PATTYS
600 g Geflügelhack vom Metzger
1 gehackte kleine Zwiebel
abgeriebene Schale von 1 unbehandelten
    Zitrone
2 El Schmand
1 Ei
4 El Semmelbrösel
1 Tl Pul Biber (türkische scharfe Paprikaflocken)
Salz
frisch gemahlener Pfeffer

TOPPINGS
1 reife Mango
1 Radicchio
2 El Limettensaft
1 El Honig
30 g Haselnusskerne
100 g Frischkäse
3 Zweige Koriandergrün nach Belieben

1| Die Zutaten für die Pattys bis auf die Gewürze in eine Schüssel geben und gut vermengen, anschließend mit Salz und Pfeffer abschmecken.

2| Mit feuchten Händen aus dem Teig 4 Pattys formen und von jeder Seite etwa 3-4 Minuten grillen. Die Burger-Brötchen halbieren und die Schnittflächen auf dem Grill kurz antoasten.

3| Für die Toppings die Mango schälen, Fruchtfleisch vom Kern lösen und in Streifen schneiden. Den Radicchio waschen, trocken schleudern und in feine Streifen schneiden. Limettensaft mit Honig verrühren und mit dem Radicchio vermischen. Die Haselnusskerne grob hacken.

4| Die unteren Brötchenhälften mit Frischkäse bestreichen und die Pattys auflegen. Mango und Radicchio darauf verteilen und Haselnüsse darüberstreuen. Nach Belieben mit Korianderblättchen dekorieren. Mit den oberen Brötchenhälften bedecken.

STRAUSSEN-BURGER

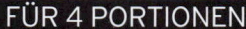

FÜR 4 PORTIONEN
ZUBEREITUNGSZEIT: CA. 35 MINUTEN (PLUS ZEIT ZUM MARINIEREN)

PRO PORTION
ca. 776 kcal/3247 kJ   66 g E   46 g F   47 g KH

BUNS
4 Weizenbrötchen (Rezept Seite 15)

PATTYS
4 Straußenfiletsteaks (à 120 g)
5 El Olivenöl
1 El Zitronensaft
1 Zweig Rosmarin
2 Lorbeerblätter
2 Knoblauchzehen
Salz
frisch gemahlener Pfeffer

TOPPINGS
30 g Pinienkerne
150 g Friséesalat
3 Tl Aceto balsamico
3 El Olivenöl
1 Tl Senf
½ Tl Honig
4 frische Feigen
4 kleine Ziegenfrischkäse

1| Das Straußenfilet waschen und trocken tupfen. Für die Marinade Olivenöl mit Zitronensaft verrühren. Rosmarinnadeln abstreifen und mit den Lorbeerblättern zur Marinade geben. Knoblauchzehen schälen, fein hacken und ebenfalls zur Marinade geben.

2| Das Fleisch in einen ausreichend großen Gefrierbeutel füllen und die Marinade dazugießen. Den Beutel gut verschließen und das Fleisch über Nacht marinieren lassen.

3| Das Fleisch gut abtropfen lassen und trocken tupfen, dann salzen und pfeffern. Das Fleisch ca. 8 Minuten grillen, dabei ein- bis zweimal wenden.

4| Für die Toppings die Pinienkerne in einer Pfanne ohne Fett goldbraun rösten. Friséesalat putzen, waschen, trocken schütteln und in mundgerechte Stücke zupfen. Aus Aceto balsamico, Öl, Senf und Honig ein Dressing rühren und mit dem Salat mischen. Feigen in Scheiben schneiden. Ziegenkäse einmal waagerecht durchschneiden.

5| Die unteren Brötchenhälften mit je 1 Filet belegen. Marinierten Salat darauf verteilen. Feigenscheiben fächerartig auflegen, darüber je 2 Käsescheiben arrangieren. Mit den Pinienkernen bestreuen. Die zweite Brötchenhälfte aufsetzen und mit je 1 Holzstäbchen fixieren.

FISCH & MEERESFRÜCHTE

Einen ganzen Fisch grillen Sie bei direkter mittlerer Hitze von jeder Seite etwa 10 Minuten, ein Fischfilet bei direkter mittlerer Hitze von jeder Seite ca. 4–5 Minuten, ein Patty aus gehacktem Fleisch (ca. 2 cm dick) bei direkter mittlerer Hitze von jeder Seite ungefähr 2–3 Minuten. Bei Meeresfrüchten wie Garnelen reichen insgesamt ca. 2–5 Minuten.

Fisch und Meeresfrüchte würzen Sie mit Basilikum, Dill, Estragon, Fenchel, Ingwer, Knoblauch, Petersilie, Senf oder Zitrone.

THUNFISCH-BURGER

FÜR 4 PORTIONEN
ZUBEREITUNGSZEIT: CA. 35 MINUTEN

PRO PORTION
ca. 613 kcal/2565 kJ   45 g E   27 g F   49 g KH

BUNS
4 Weizenbrötchen (Rezept Seite 15)

PATTYS
4 Thunfischsteaks (à 150 g)
Saft von 1 Limette
2 El Pflanzenöl
Salz
frisch gemahlener Pfeffer
1 Tl getrockneter Oregano

TOPPINGS
200 g Spitzkohl
1 kleine Fenchelknolle (ca. 200 g)
2 El Pflanzenöl
1 El Weißweinessig
1 El Honig
Salz
frisch gemahlener Pfeffer
1 rote Chilischote
4 Tl Ketchup (Rezept Seite 22)

1| Die Thunfischsteaks waschen, abtupfen und beidseitig mit Limettensaft beträufeln. Das Öl mit Salz, Pfeffer und Oregano mischen und den Fisch von allen Seiten mit dem Würzöl bestreichen. Auf dem Grill von jeder Seite etwa 2–4 Minuten vorsichtig garen. Darauf achten, dass der Fisch dabei nicht zu trocken wird. Die Brötchen halbieren und die Schnittflächen kurz auf dem Grill antoasten.

2| Für die Toppings den Spitzkohl putzen, waschen, trocknen und in etwa 2 cm breite Streifen schneiden. Die Fenchelknolle putzen und dabei den Stiel, den Wurzelansatz, braune Stellen und harte Rippen entfernen. Das Fenchelgrün beiseitelegen. Die Knolle waschen und quer in feine Streifen schneiden. In einer Pfanne das Öl erhitzen und zunächst die Fenchelstreifen etwa 3 Minuten dünsten. Die Kohlstreifen hinzufügen und weitere 2 Minuten garen lassen. Essig und Honig zugeben und mit Salz und Pfeffer würzen.

3| Das Fenchelgrün waschen, trocken schütteln und fein hacken. Die Chilischote halbieren, entkernen, waschen und ebenfalls fein hacken. Mit dem Ketchup vermischen.

4| Die untere Brötchenhälfte mit je 1 Tl Chili-Ketchup bestreichen. Die Kohl-Fenchel-Mischung darauf verteilen. Je 1 Thunfischsteak auflegen und mit Fenchelgrün garnieren. Die zweite Brötchenhälfte auflegen und mit je 1 Holzspieß fixieren.

Dazu schmeckt
ROUILLE

Pro Portion ca. 333 kcal/1393 kJ
12 g E   43 g F   10 g KH

1 gelbe Paprikaschote
1 El Olivenöl
2 Scheiben trockenes Baguette
1 frische rote Chilischote
2 Knoblauchzehen
Salz
1 El Weißwein
250 g Mayonnaise
    (Rezept Seite 20)

Die Paprikaschote längs halbieren, entkernen, waschen, trocknen und in Würfel schneiden. In einer Pfanne das Öl erhitzen und die Paprika darin etwa 3 Minuten anbraten. Die Brotscheiben entrinden und in Wasser einweichen. Nicht zu fest ausdrücken und in eine Schüssel geben. Die Chilischote halbieren, entkernen, waschen und in feine Scheiben schneiden. Die Knoblauchzehen schälen und ebenfalls zerkleinern. Paprika, Chili und Knoblauch mit etwas Salz im Mixer pürieren. Das Brot und den Wein zugeben und unterheben. Die sämige Paste unter die Mayonnaise rühren. Sollte die Mischung zu dünnflüssig sein, etwas mehr Brot hinzufügen.

NY-DELI-BURGER

MIT GARNELEN

FÜR 4 PORTIONEN
ZUBEREITUNGSZEIT: CA. 30 MINUTEN (PLUS ZEIT ZUM ZIEHEN)

PRO PORTION
ca. 397 kcal/1661 kJ   32 g E   17 g F   35 g KH

BUNS
4 Roggenbrötchen (Rezept Seite 15)

PATTYS
Saft von 1 Limette
2 El Olivenöl
Salz
frisch gemahlener Pfeffer
1 Knoblauchzehe
2 Zweige Thymian
500 g große küchenfertige Garnelen

TOPPINGS
200 g Rucola
½ Salatgurke
Schale von 1 unbehandelten Limette
1 Tl Limettensaft
4 Tl Mayonnaise (Rezept Seite 20)
Salz
Pfeffer
2 Stängel Kerbel

1| Für die Marinade der Garnelen in einer größeren Schüssel Limettensaft, Öl, Salz und Pfeffer vermischen. Die Knoblauchzehe schälen und in die Marinade pressen. Thymian waschen, trocken schütteln und die Blättchen abzupfen. Die Thymianblättchen fein hacken und hinzufügen. Die Garnelen abspülen, trocken tupfen, in die Marinade geben und kurze Zeit ziehen lassen.

2| In der Zwischenzeit den Rucola waschen und trocknen. Die Gurke waschen, schälen und in Scheiben schneiden. Die Limettenschale und den -saft mit der Mayonnaise vermischen.

3| Die Garnelen auf dem Grill in 2–4 Minuten garen. Dazu die Meeresfrüchte entweder auf Holzspieße stecken oder in eine mit Öl ausgepinselte Grillschale füllen. Die Reste der Marinade aufbewahren. Die Brötchen halbieren und die Schnittflächen kurz auf dem Grill antoasten.

4| Die untere Brötchenhälfte mit je 1 Tl Limettenmayonnaise bedecken. Die Gurkenscheiben auf dem Brötchen verteilen und mit Salz und Pfeffer würzen. Den Rucola dazugeben und mit der restlichen Marinade beträufeln. Die Garnelen auf dem Salat arrangieren. Den Kerbel waschen und trocken schütteln. Die Kerbelblättchen vom Stängel zupfen und den Burger damit dekorieren. Die zweite Brötchenhälfte aufsetzen.

FISCHSTÄBCHEN-BURGER

FÜR 4 PORTIONEN
ZUBEREITUNGSZEIT: CA. 35 MINUTEN

PRO PORTION
ca. 545 kcal/2235 kJ   22 g E   27 g F   48 g KH

BUNS
4 Roggenbrötchen (Rezept Seite 15)

PATTYS
12 Fischstäbchen (TK)
1 El Zitronensaft

TOPPINGS
400 g Spitzpaprikaschoten
2 El Pesto verde (Rezept Seite 77)
1 El Pflanzenöl
500 g Feldsalat
1 Schalotte
1 El Olivenöl
½ El Himbeeressig
Salz
frisch gemahlener Pfeffer
4 Tl Sour Cream (Rezept Seite 21)

1| Für die Toppings die Spitzpaprika längs halbieren, Kerne und Scheidewände sowie Stielansätze entfernen, die Paprika waschen, trocken tupfen und in ca. 2 cm breite Streifen schneiden. Das Pesto mit dem Öl verrühren und die Mischung gleichmäßig auf den Paprikastreifen verteilen.

2| Die Fischstäbchen auf dem Grill von jeder Seite 3–4 Minuten bräunen. Die fertig gegarten Fischstäbchen mit Zitronensaft beträufeln. Die Paprika ebenfalls für 2–4 Minuten auf den Grill legen, dabei mehrmals wenden.

3| Den Feldsalat putzen, waschen und trocknen. Die Schalotte schälen und fein hacken. Die Zwiebelwürfel mit Öl, Essig, Salz und Pfeffer zu einer Marinade verrühren.

4| Die untere Brötchenhälfte mit je 1 Tl Sour Cream bestreichen und mit dem Feldsalat garnieren. Die Marinade gleichmäßig über den Salat träufeln. Jeweils 3 Fischstäbchen auflegen und die gegrillten Paprikastreifen auf dem Fisch arrangieren. Die zweite Brötchenhälfte aufsetzen und mit je 1 Holzspieß fixieren.

Dazu schmeckt
AVOCADO-SALAT

Pro Portion ca. 279 kcal/1167 kJ
3 g E   26 g F   8 g KH

½ Kopf Eisbergsalat
10 Cocktailtomaten
½ Salatgurke
½ Gemüsezwiebel
1 Orange
1 reife Avocado
½ Bund glatte Petersilie
4 El Olivenöl
2 El Weißweinessig
Salz
frisch gemahlener Pfeffer

Eisbergsalat putzen, waschen, trocken schleudern und in Streifen schneiden. Die Tomaten waschen und halbieren, die Gurke ebenfalls waschen, schälen und würfeln. Die Zwiebel schälen und in sehr feine Scheiben hobeln. Die Orange schälen und quer in Scheiben schneiden. Die Avocado halbieren, schälen, entsteinen und das Fruchtfleisch in Spalten schneiden. Alle Salatzutaten in eine große Schüssel geben. Die Petersilie waschen, trocken schütteln und fein hacken. Aus Öl, Essig, Salz, Pfeffer und Petersilie ein Dressing bereiten. Über den Salat gießen und alles gut vermischen.

Dazu schmeckt
APFEL-MEER-RETTICH-DIP

Pro Portion ca. 131 kcal/548 kJ
2 g E   10 g F   9 g KH

1 kleiner säuerlicher Apfel
2 El Limettensaft
1 El frisch geriebener
    Meerrettich
100 g Naturjoghurt
100 g Crème fraîche
1 El gehackte Walnusskerne
1 El fein gehackte
    Basilikumblätter
Salz
frisch gemahlener Pfeffer

Den Apfel schälen, vom Kern-
gehäuse befreien und mit einer
Reibe zu Mus zerkleinern.
Sofort mit dem Limettensaft
beträufeln, damit der Apfel
nicht braun wird. Die übrigen
Zutaten bis auf die Gewürze
hinzufügen. Alles gut vermischen und nach Belieben
würzen.

LACHS-BURGER

 MIT SPINAT

FÜR 4 PORTIONEN
ZUBEREITUNGSZEIT: CA. 40 MINUTEN

PRO PORTION
ca. 780 kcal/3264 kJ   48 g E   35 g F   48 g KH

BUNS
4 Weizenbrötchen (Rezept Seite 15)

PATTYS
2 trockene Brötchen
ca. 200 ml lauwarme Milch
600 g Lachsfilet
1 fein gewürfelte Zwiebel
1 El gehackte krause Petersilienblätter
1 Tl gehackte Estragonblättchen
1-2 Eier
geriebene Kartoffel bei Bedarf
Salz
frisch gemahlener Pfeffer
Paniermehl

TOPPINGS
600 g junge Spinatblätter
Salz
1 Knoblauchzehe
100 g frisch geriebener Parmesan
1 Msp. Muskatnuss
frisch gemahlener Pfeffer
4 Sauerampferblätter
4 Tl Mayonnaise (Rezept Seite 20)

1| Die Brötchen würfeln, in der Milch einweichen und anschließend gut ausdrücken. Das Lachsfilet hacken oder fein schneiden. Brötchen und Fisch mit den anderen Zutaten bis auf die Gewürze und das Paniermehl in eine Schüssel geben und alles gut vermischen. Ist der Teig zu trocken, etwas Wasser, 1 zusätzliches Ei oder etwas geriebene Kartoffel unterkneten. Den Teig mit den Gewürzen nach Belieben abschmecken.

2| Den Teig mit den Gewürzen abschmecken, zu 4 Pattys formen und vorsichtig im Paniermehl wälzen.

3| Die Pattys auf dem Grill von jeder Seite etwa 2-4 Minuten bräunen. Dabei vorsichtig wenden. Die Brötchen halbieren und die Schnittflächen kurz auf dem Grill antoasten.

4| Für die Toppings den Spinat putzen und waschen. In wenig Salzwasser 3-5 Minuten blanchieren. Abtropfen lassen und gut ausdrücken. Die Knoblauchzehe schälen und in den Spinat pressen. Den Parmesan hinzufügen und alles gut vermischen. Mit Muskatnuss, Salz und Pfeffer abschmecken. Den Sauerampfer waschen, trocken schütteln und in feine Streifen schneiden.

5| Die untere Brötchenhälfte mit je 1 Tl Mayonnaise bestreichen. Den Spinat gleichmäßig darauf verteilen. Je 1 Patty auf das Gemüse legen und mit den Sauerampferstreifen garnieren. Die zweite Brötchenhälfte auflegen.

FISCH-BURGER

MIT DILLDRESSING

FÜR 4 PORTIONEN
ZUBEREITUNGSZEIT: CA. 35 MINUTEN

PRO PORTION
ca. 651 kcal/2724 kJ   42 g E   26 g F   51 g KH

BUNS
4 Weizenbrötchen (Rezept Seite 15)

PATTYS
2 trockene Brötchen
ca. 200 ml lauwarme Milch
600 g Seelachsfilet
1 fein gewürfelte Zwiebel
1 El gehackte krause Petersilienblätter
1 Tl gehackte Estragonblättchen
1-2 Eier
geriebene Kartoffel bei Bedarf
Salz
frisch gemahlener Pfeffer
Paniermehl

TOPPINGS
1 Schälchen Brunnenkresse
½ Salatgurke
1 rote Zwiebel
100 g saure Sahne
2 El gehackter Dill
1 Spritzer Zitronensaft
Salz
frisch gemahlener Pfeffer

1| Die Brötchen würfeln und 10 Minuten in der Milch einweichen, gut ausdrücken. Das Fischfilet mit dem Fleischwolf etwas gröber oder mit dem Pürierstab fein zerkleinern. Alle Zutaten bis auf die Gewürze und das Paniermehl in eine Schüssel geben und gut vermengen. Ist der Teig zu trocken, etwas Wasser, 1 zusätzliches Ei oder etwas geriebene Kartoffel unterkneten. Den Teig mit den Gewürzen nach Belieben abschmecken.

2| Mit feuchten Händen aus dem Teig 4 Pattys formen und vorsichtig im Paniermehl wälzen. Von jeder Seite etwa 3-4 Minuten vorsichtig grillen. Die Burger-Brötchen halbieren und die Schnittflächen kurz auf dem Grill antoasten.

3| Für die Toppings die Brunnenkresse abschneiden, waschen, trocknen und grob hacken. Die Salatgurke schälen und in Scheiben schneiden. Die Zwiebel abziehen und ebenfalls in Scheiben schneiden. Saure Sahne mit Dill verrühren und mit Zitronensaft, Salz und Pfeffer abschmecken.

4| Die unteren Brötchenhälften mit etwas Brunnenkresse belegen und die Pattys darauf platzieren. Gurken- und Zwiebelscheiben darauf arrangieren und mit Brunnenkresse abschließen. Dilldressing darüber verteilen. Mit den oberen Brötchenhälften bedecken.

VEGGIES

Es empfiehlt sich, vegetarische Pattys, die ca. 2 cm dick sind, bei direkter mittlerer Hitze pro Seite etwa 3-4 Minuten zu grillen - das hängt natürlich von den Zutaten Ihres Pattys ab.

Basilikum, Bohnenkraut, Cayennepfeffer, Chili, Curry, Estragon, Knoblauch, Koriander, Kreuzkümmel, Kümmel, Lorbeer, Muskat, Oregano, Paprika, Petersilie oder Rosmarin, um nur Beispiele zu nennen, verleihen die nötige Würze.

BÄRLAUCH-KÄSE-BURGER

FÜR 4 PORTIONEN
ZUBEREITUNGSZEIT: CA. 35 MINUTEN

PRO PORTION
ca. 1033 kcal/4322 kJ   39 g E   80 g F   39 g KH

BUNS
4 Weizenbrötchen (Rezept Seite 15)

PATTYS
400 g Halloumi
1 rote Chilischote
1 Zweig Rosmarin
4 El Olivenöl
1 El Zitronensaft
2 Knoblauchzehen
Salz
frisch gemahlener Pfeffer

TOPPINGS
1 Aubergine
1 Zucchini
2 rote Zwiebeln

Für das Bärlauchpesto:
1 Bund Bärlauch
50 g gemahlene Mandeln
50 g frisch geriebener Parmesan
100 ml Olivenöl
Salz
frisch gemahlener Pfeffer

1| Für das Pesto den Bärlauch waschen, trocken schütteln und in feine Streifen schneiden. In einer kleinen Pfanne die Mandeln ohne Zugabe von Fett etwas anrösten. Bärlauch, Mandeln und Parmesan in einem Mörser mit dem Olivenöl zerstoßen. Alternativ im Mixer pürieren. Mit Salz und Pfeffer abschmecken.

2| Den Halloumi längs halbieren. Die Chilischote aufschneiden, entkernen, waschen und klein schneiden. Den Rosmarin waschen, trocken schütteln und die Nadeln fein hacken. Chili und Rosmarin mit dem Öl vermischen, den Zitronensaft hinzufügen. Die Knoblauchzehen schälen und in die Marinade pressen. Mit Salz und Pfeffer würzen.

3| Für die Toppings Aubergine und Zucchini waschen, trocken reiben, putzen und in Scheiben schneiden. Die Zwiebeln schälen und in feine Ringe schneiden.

4| Die Halloumischeiben von beiden Seiten mit der Hälfte der Marinade bestreichen. Die andere Hälfte für die Avocado- und Zucchinischeiben verwenden. Den Käse und das Gemüse auf dem Grill in etwa 4–6 Minuten von beiden Seiten bräunen.

5| Die Brötchen halbieren und den unteren Teil mit der Hälfte des Bärlauchpestos bestreichen. Die Auberginen- und Zucchinischeiben darauf verteilen. Je 1 Scheibe Halloumi auflegen, mit dem restlichen Pesto beträufeln und mit den Zwiebelringen garnieren. Die oberen Brötchenhälften anlegen.

Dazu schmeckt
KRÄUTERDIP

Pro Portion ca. 214 kcal/895 kJ
8 g E   19 g F   3 g KH

200 g Doppelrahmfrischkäse
100 g Sahnequark
4 El gehackte Kräuter (z. B.
    Schnittlauch, Kerbel,
    Estragon)
1 El Zitronensaft
Salz
frisch gemahlener Pfeffer

Frischkäse mit Quark und
Kräutern gut verrühren, dann
mit Zitronensaft, Salz und
Pfeffer abschmecken.

VEGGIE-BURGER
MIT KRÄUTERDIP

FÜR 4 PORTIONEN
ZUBEREITUNGSZEIT: CA. 30 MINUTEN (PLUS QUELLZEIT)

PRO PORTION
ca. 416 kcal/1741 kJ   21 g E   13 g F   92 g KH

BUNS
4 Roggenbrötchen (Rezept Seite 15)

PATTYS
1 El Öl
1 fein gewürfelte Zwiebel
150 g Grünkernschrot
Gemüsebrühe zum Quellen
1 Karotte
2 El gehackte Petersilie
1–2 Eier
geriebene Kartoffel bei Bedarf
Salz
frisch gemahlener Pfeffer

TOPPINGS
4 große Blätter Kopfsalat
2 Tomaten
½ Bund Radieschen
1 rote Zwiebel
4 El Ketchup (Rezept Seite 22)

1| Das Öl in einer Pfanne erhitzen und die Zwiebel darin glasig dünsten. Grünkern und Gemüsebrühe zugeben. Grünkernschrot etwa 10 Minuten quellen, dann abkühlen lassen. Währenddessen die Karotte putzen, schälen und fein raspeln. Karotte, Petersilie und 1 Ei zur abgekühlten Grünkernmischung geben und gut einarbeiten. Ist der Teig zu trocken, etwas Wasser, 1 zusätzliches Ei oder etwas geriebene Kartoffel unterkneten. Den Teig mit den Gewürzen nach Belieben abschmecken.

2| Mit feuchten Händen aus dem Teig 4 Pattys formen und von jeder Seite etwa 6 Minuten vorsichtig grillen.

3| Für die Toppings die Salatblätter waschen und trocken schütteln. Die Tomaten und die Radieschen waschen, putzen und in Scheiben schneiden. Die Zwiebel abziehen und ebenfalls in Scheiben schneiden.

4| Die unteren Brötchenhälften mit Ketchup bestreichen und die Salatblätter darauf verteilen. Die Pattys auflegen und Tomaten-, Radieschen- und Zwiebelscheiben darauf arrangieren. Die oberen Brötchenhälften auflegen und mit je 1 Holzspieß fixieren.

VEGGIE-BURGER

MIT SPITZKOHL

FÜR 4 PORTIONEN
ZUBEREITUNGSZEIT: CA. 30 MINUTEN (PLUS QUELLZEIT)

PRO PORTION
ca. 503 kcal/2105 kJ   18 g E   18 g F   67 g KH

BUNS
4 Weizenbrötchen (Rezept Seite 15)

PATTYS
150 g Bulgur
Gemüsebrühe zum Quellen
1 mittelgroße Karotte
1 fein gehackte Zwiebel
1 Knoblauchzehe
1 El Mehl
4 El Paniermehl
1 El gehackte glatte Petersilienblätter
1-2 Eier
geriebene Kartoffel bei Bedarf
1 Tl gemahlener Koriander
Salz, frisch gemahlener Pfeffer

TOPPINGS
50 g Sesamsaat
150 g Spitzkohl
1 Karotte
2 El Reisessig
1 El Sesamöl
Salz, frisch gemahlener Pfeffer
½ Salatgurke
4 El Ketchup (Rezept Seite 22)

1| Den Bulgur nach Packungsangabe in Brühe ausquellen lassen. Die Karotte putzen, schälen und fein raspeln. In einer Schüssel den etwas abgekühlten Bulgur mit der Karotte und den Zwiebelwürfeln vermischen. Die Knoblauchzehe schälen und dazupressen. Mehl, Paniermehl, Petersilie und verquirltes Ei zugeben und unterkneten. Ist der Teig zu trocken, etwas Wasser, 1 zusätzliches Ei oder etwas geriebene Kartoffel unterkneten. Den Teig mit den Gewürzen nach Belieben abschmecken.

2| Mit feuchten Händen aus dem Teig 4 Pattys formen und von jeder Seite etwa 4-5 Minuten grillen. Die Burger-Brötchen halbieren und die Schnittflächen auf dem Grill kurz antoasten.

3| Für die Toppings Sesam in einer Pfanne ohne Fett rösten. Den Spitzkohl putzen, waschen, trocknen und in feine Streifen schneiden. Die Karotte schälen und raspeln. Aus Essig, Öl, Salz und Pfeffer ein Dressing rühren und mit Spitzkohl und Karotte vermengen. Die Sesamsaat unter den Salat mischen. Die Salatgurke schälen und in Scheiben schneiden.

4| Die unteren Brötchenhälften mit Ketchup bestreichen. Pattys auflegen und darauf Gurkenscheiben und Spitzkohlsalat verteilen. Die oberen Brötchenhälften aufsetzen.

KICHERERBSEN-BURGER

MIT BOHNEN-CHILI-SALSA

FÜR 4 PORTIONEN
ZUBEREITUNGSZEIT: CA. 35 MINUTEN (PLUS KOCHZEIT)

PRO PORTION
ca. 912 kcal/3816 kJ   36 g E   22 g F   143 g KH

BUNS
1 Fladenbrot mit Sesam

PATTYS
1 El Pflanzenöl
1 fein gehackte Knoblauchzehe
1 fein gehackte Schalotte
1 entkernte, fein gehackte grüne Chilischote
1 Msp. Garam Masala
1 Msp. gemahlene Kurkuma
1 Tl gemahlener Kreuzkümmel
500 ml Gemüsebrühe
250 g Kürbis (geputzt gewogen)
200 g Kichererbsen (aus der Dose)
2 El geröstetes Kichererbsenmehl
1 Handvoll grob gehackte Korianderblätter
2 El Paniermehl, Meersalz

TOPPINGS
2 El Olivenöl, 1 fein gehackte Zwiebel
2 fein gehackte Knoblauchzehen
1 entkernte, fein gehackte rote Paprikaschote
1 Dose Kidneybohnen (ca. 400 g)
1 Dose gehackte Tomaten (ca. 400 g)
2 El grob gehackte Korianderblätter
2 El Kreuzkümmel
1 El Chilipulver zzgl. etwas zum Bestreuen
2 geschälte Rote Beten
4 El Schmand

1| In einer Pfanne das Pflanzenöl erhitzen und darin Knoblauch, Schalottenwürfel und Chili weich dünsten. Garam Masala, Kurkuma und Kreuzkümmel kurz mitdünsten. Beiseitestellen.

2| Die Gemüsebrühe aufkochen. Den Kürbis würfeln und in der Brühe garen, dann die Kichererbsen für wenige Minuten zugeben. Abgießen und im Mixer grob pürieren. Mehl, Koriander, Paniermehl und den Pfanneninhalt dazugeben, alles gut vermengen und abschmecken.

3| Mit feuchten Händen Pattys formen, ggf. mehr Paniermehl verwenden, und 2–3 Minuten von jeder Seite vorsichtig grillen. Das Fladenbrot vierteln, die Viertel aufschneiden und auf dem Grill anrösten.

4| Für die Toppings in einer Pfanne das Olivenöl erhitzen und Zwiebelwürfel, Knoblauch und Paprika darin weich dünsten. Bohnen und Tomaten mit den Gewürzen dazugeben und alles köcheln, bis eine sämige Mischung entstanden ist. Ggf. etwas Wasser zugeben und sehr grob zermusen, nochmals kräftig abschmecken. Die Rote Beten in sehr feine Scheiben schneiden.

5| Die unteren Fladenbrotstücke dick mit der Bohnen-Chili-Salsa bestreichen und die Pattys darauflegen. Mit Rote-Bete-Scheiben belegen und jeweils einen großen Klecks Schmand daraufgeben, mit Chilipulver bestreuen. Die oberen Brotstücke aufsetzen.

Dazu schmecken Nachos (Rezept Seite 17).

TORTILLA-BURGER

FÜR 4 PORTIONEN
ZUBEREITUNGSZEIT: CA. 35 MINUTEN

PRO PORTION
ca. 491 kcal/2054 kJ   20 g E   23 g F   50 g KH

BUNS
4 Weizenbrötchen (Rezept Seite 15)

PATTYS
500 g Pellkartoffeln (vom Vortag)
4 Eier
Salz
frisch gemahlener Pfeffer
50 g Manchego
2 El Öl
1 fein gewürfelte Zwiebel
1 fein gehackte Knoblauchzehe

TOPPINGS
4 große Blätter Friséesalat
1 Fleischtomate
Petersilie zum Garnieren

1| Die Kartoffeln pellen und in dünne Scheiben schneiden. Die Eier verquirlen, salzen und pfeffern. Den Käse reiben.

2| Den Backofen auf 180 °C mit zugeschalteter Grillstufe vorheizen. Das Öl in einer ofenfesten Pfanne erhitzen. Kartoffeln, Zwiebelwürfel und Knoblauch ca. 3 Minuten anbraten. Erst die Eier, dann den Käse darüber verteilen. Die Tortilla mit geschlossenem Deckel bei niedriger Hitze stocken lassen. Die Pfanne in den Ofen auf die oberste Schiene setzen und die Tortilla bei leicht geöffneter Ofentür in 4-6 Minuten fest werden lassen. In 4 Stücke portionieren.

3| Für die Toppings die Salatblätter waschen und trocken schütteln. Tomate waschen und in Scheiben schneiden.

4| Die unteren Brötchenhälften mit der warmen Tortilla belegen. Darauf die Salatblätter und Tomatenscheiben anrichten. Mit Petersilie garnieren. Die oberen Brötchenhälften dazuservieren.

Dazu schmeckt
ZUCCHINI-CHUTNEY

Pro Portion ca. 115 kcal/481 kJ
6 g E   0 g F   15 g KH

1 kg Zucchini
Salz
250 g fein gewürfelte Zwiebeln
250 g Gelierzucker (3:1)
250 ml Weißweinessig
1 El Senf
3 El Tomatenmark
1 El Paprikapulver
1 El Currypulver
frisch gemahlener Pfeffer

Die Zucchini putzen, waschen und fein würfeln. In einer Schüssel mit 40 g Salz mischen und 30 Minuten ziehen lassen. Zucchini-Flüssigkeit abgießen, Zucchini unter kaltem Wasser abspülen und gut trocken tupfen. Zucchini und Zwiebeln mit Gelierzucker und den übrigen Zutaten in einen Topf geben, vermischen, abschmecken. Aufkochen lassen und offen bei mittlerer Hitze etwa 30 Minuten unter gelegentlichem Rühren köcheln lassen. Heiß in Gläser füllen und sofort verschließen.

Dazu schmeckt

TOMATEN-KORIANDER-DIP

Pro Portion ca. 47 kcal/197 kJ
1 g E   3 g F   3 g KH

4 Tomaten
10 Stängel Koriandergrün
1 fein gehackte Zwiebel
2 fein gehackte
   Knoblauchzehen
1 El Sesamöl
Salz
frisch gemahlener Pfeffer

Tomaten überbrühen, dann häuten, entkernen und fein würfeln. Die Koriander-blättchen abzupfen und fein hacken. Tomaten und Koriander mit Zwiebelwürfeln und Knoblauch mischen, dann das Sesamöl dazugeben. Mit Salz und Pfeffer abschmecken.

ASIATISCHER LINSEN-BURGER

FÜR 4 PORTIONEN
ZUBEREITUNGSZEIT: CA. 35 MINUTEN (PLUS KOCHZEIT)

PRO PORTION
ca. 376 kcal/1573 kJ   17 g E   14 g F   54 g KH

BUNS
4 Weizenbrötchen (Rezept Seite 15)

PATTYS
300 g rote Linsen
1 El Öl
1 fein gewürfelte Zwiebel
1-2 Eier
1 Tl frisch geriebener Ingwer
1 Tl Kreuzkümmel
Salz
frisch gemahlener Pfeffer
30-50 g Weizenkleie
geriebene Kartoffel nach Bedarf

TOPPINGS
1 Römersalatherz
2 Frühlingszwiebeln
½ rote Chilischote
2 El Limettensaft
2 El Sojasauce
½ Salatgurke
Korianderblättchen zum Garnieren

1| Die Linsen nach Packungsanweisung kochen, abtropfen und abkühlen lassen. Das Öl in einer kleinen Pfanne erhitzen und die Zwiebelwürfel darin weich dünsten, dann mit 1 Ei und den Gewürzen zu den Linsen geben. Die Weizenkleie nach und nach unter die Linsenmischung rühren, bis sie fest genug ist, um Pattys zu formen. Ist der Teig zu trocken, etwas Wasser, 1 zusätzliches Ei oder etwas geriebene Kartoffel unterkneten. Den Teig nach Belieben erneut mit den Gewürzen abschmecken.

2| Mit feuchten Händen aus dem Teig 4 Pattys formen und von jeder Seite 4-5 Minuten vorsichtig grillen. Die Burger-Brötchen halbieren und die Schnittflächen auf dem Grill kurz antoasten.

3| Für die Toppings den Römersalat putzen, waschen, trocknen und in Streifen schneiden. Die Frühlingszwiebeln putzen, waschen und das Weiße in dünne Ringe schneiden. Die Chilischote entkernen, waschen und fein hacken. Limettensaft und Sojasauce verrühren und mit den übrigen Zutaten außer Gurke und Koriander mischen. Die Gurke schälen und in Scheiben schneiden.

4| Die unteren Brötchenhälften mit Gurkenscheiben belegen, darauf die Pattys verteilen. Weitere Gurkenscheiben und den Salat locker darauf arrangieren. Mit Korianderblättchen garnieren. Die oberen Brötchenhälften aufsetzen.

ERDNUSSBUTTER-BURGER

FÜR 4 PORTIONEN
ZUBEREITUNGSZEIT: CA. 35 MINUTEN (PLUS QUELL- UND KOCHZEIT)

PRO PORTION
ca. 481 kcal/2013 kJ   19 g E   18 g F   61 g KH

BUNS
4 Roggenbrötchen (Rezept Seite 15)

PATTYS
150 g Bulgur
Gemüsebrühe zum Quellen
1 Zwiebel
2 El Butter
200 g Erbsen (aus dem Glas)
Salz
1 Prise Zucker
1 El Mehl
4 El Paniermehl
1 El gehackte glatte Petersilienblätter
1–2 Eier
geriebene Kartoffel bei Bedarf
frisch gemahlener Pfeffer

TOPPINGS
400 g Rucola
1 große Fleischtomate
1 El Olivenöl
1 Tl Himbeeressig
Salz
frisch gemahlener Pfeffer
4 Tl Erdnussbutter mit Stücken (crunchy)

1| Den Bulgur nach Packungsangabe in Brühe ausquellen lassen. Die Zwiebel schälen und fein hacken. In einem Topf die Butter zerlassen und die Zwiebelwürfel darin glasig dünsten. Die Erbsen sowie Salz und Zucker hinzufügen. Etwas Wasser angießen und alles etwa 10 Minuten köcheln. Das Wasser abgießen.

2| In einer Schüssel den Bulgur mit den Erbsen und mit Mehl, Paniermehl, Petersilie und verquirltem Ei vermischen. Ist der Teig zu trocken, etwas Wasser, 1 zusätzliches Ei oder etwas geriebene Kartoffel unterkneten. Den Teig mit den Gewürzen nach Belieben abschmecken.

3| Mit angefeuchteten Händen aus dem Teig 4 Pattys formen und auf dem Grill etwa 10 Minuten bräunen. Dabei vorsichtig wenden. Die Brötchen halbieren und die Schnittflächen auf dem Grill leicht antoasten.

4| Für die Toppings den Rucola waschen, trocknen und grob zerkleinern. Die Tomate waschen und in Scheiben schneiden, dabei den Stielansatz entfernen. Aus Öl, Essig und Gewürzen ein leichtes Dressing bereiten.

5| Die unteren Brötchenhälften mit Erdnussbutter bestreichen und mit den Rucolablättern belegen. Etwas Dressing über den Salat träufeln. Die Pattys auflegen und mit den Tomatenscheiben bedecken. Die oberen Brötchenhälften auflegen.

Dazu schmeckt
FEURIGER KÄSEDIP

Pro Portion ca. 140 kcal/586 kJ
3 g E   14 g F   1 g KH

5 frische rote Peperoni
2 Knoblauchzehen
Salz
6 El grob geriebener Parmesan
1 Tl Limettensaft
1 Tl fein gehackte
   Korianderblätter
4 El Olivenöl

Die Peperoni aufschneiden, entkernen, waschen, trocken tupfen und fein hacken. In einen Mörser oder einen Mixer geben. Die Knoblauchzehen schälen, grob hacken und mit etwas Salz hinzufügen. Alles fein pürieren. Den Käse, den Limettensaft und den Koriander zugeben. Unter kräftigem Schlagen das Öl nach und nach unterrühren, bis eine homogene Mischung entstanden ist.

ROQUEFORT-BURGER

FÜR 4 PORTIONEN
ZUBEREITUNGSZEIT: CA. 30 MINUTEN (PLUS EINWEICH- UND KOCHZEIT)

PRO PORTION
ca. 734 kcal/3071 kJ   29 g E   43 g F   55 g KH

BUNS
4 Roggenbrötchen (Rezept Seite 15)

PATTYS
30 g getrocknete Sojabohnen
1 rote Zwiebel
1 mittelgroße Karotte
80 g Roquefort
60 g gemahlene Mandeln
1 El Kichererbsenmehl
4 El Paniermehl
1 El Sesamsaat
1 Ei
1 Tl gemahlener Kreuzkümmel
1 Tl Sojasauce
1 Tl gemahlener Koriander
Salz, frisch gemahlener Pfeffer
2 El Olivenöl zum Bestreichen

TOPPINGS
4 Blätter Friséesalat
2 Birnen
150 g Roquefort
100 g Naturjoghurt
2 El Crème fraîche
1 Tl Zitronensaft
Salz, frisch gemahlener Pfeffer

1| Die Bohnen 24 Stunden in kaltem Wasser einweichen, dann abspülen und gut abtropfen lassen. Alternativ dazu können auch Sojabohnen aus der Dose (ca. 100 g) verwendet werden, die keine Einweichzeit und keine Kochzeit erfordern.

2| In einem großen Topf die Bohnen mit Wasser bedecken und etwa 1,5 Stunden bei geringer Temperatur weich kochen. Das Wasser abgießen, die Bohnen abspülen und abtropfen lassen.

3| Die Zwiebel abziehen und fein hacken, die Karotte putzen, schälen und fein raspeln. Bohnen, Zwiebelwürfel, Karotte, Käse und Mandeln im Mixer grob zerkleinern. In einer Schüssel mit den übrigen Zutaten bis auf Gewürze und Olivenöl vermischen. Nach Belieben mit den Gewürzen abschmecken.

4| Mit angefeuchteten Händen aus dem Teig 4 Pattys formen. Auf beiden Seiten mit dem Olivenöl bestreichen und auf dem Grill etwa 10 Minuten bräunen. Dabei vorsichtig wenden. Die Brötchen halbieren und die Schnittflächen auf dem Grill leicht antoasten.

5| Für die Toppings die Salatblätter waschen und trocken schütteln. Die Birnen schälen, vierteln, entkernen und in Scheiben schneiden. Den Käse mit einer Gabel zerdrücken und mit Joghurt, Crème fraîche und Zitronensaft vermengen. Nach Belieben würzen.

6| Die unteren Brötchenhälften mit je 1 Salatblatt bedecken. Die Pattys auflegen und mit den Birnenscheiben garnieren. Die Roquefortcreme darauf verteilen. Die oberen Brötchenhälften auflegen und alles mit je 1 kleinen Holzspieß fixieren.

SÜSSE BURGER

NASCHKATZEN-BURGER

ERDBEER-BURGER

OBSTWIESEN-BURGER

NASCHKATZEN-BURGER

Für 4 Portionen, Zubereitungszeit: ca. 20 Minuten (plus Kühlzeit)

PRO PORTION
ca. 1207 kcal/5050 kJ, 26 g E, 54 g F, 153 g KH

BUNS
4 Brioches

TOPPINGS
150 g dunkle Schokolade
1 El Butter
3 Eier
1 Prise Salz
1 El Zucker
200 ml Sahne
1 El Puderzucker
250 g frische oder tiefgefrorene Himbeeren
4 Tl Himbeerkonfitüre
2 El Mandelblättchen

1| Für die Schokoladencreme die Schokolade zerkleinern und mit der Butter in eine Metallschüssel geben. Unter gelegentlichem Rühren im heißen Wasserbad langsam schmelzen lassen.

2| Die Eier trennen. Das Eiweiß mit etwas Salz zu steifem Schnee schlagen. Das Eigelb mit dem Zucker mischen und schaumig rühren. Sahne mit dem Puderzucker im Mixer steif schlagen.

3| Den Eischnee unter die Sahne heben. Die geschmolzene Schokolade mit dem Eigelb vermischen. Schokoladencreme und Sahne vorsichtig zu einer homogenen Mischung verarbeiten. 1 Stunde im Kühlschrank kalt stellen.

4| Kurz vor dem Servieren der Burger die Himbeeren verlesen. Bei Bedarf waschen und gut abtropfen lassen.

5| Die Brötchen halbieren und auf dem Grill oder in der Grillpfanne ganz leicht antoasten. Die unteren Hälften mit Konfitüre bestreichen, dann mit der Schokoladenmousse bedecken. Die Himbeeren darauf verteilen und mit den Mandeln garnieren. Die oberen Brötchenhälften aufsetzen.

OBSTWIESEN-BURGER

Für 4 Portionen, Zubereitungszeit: ca. 15 Minuten

PRO PORTION
ca. 1133 kcal/4740 kJ, 23 g E, 43 g F, 145 g KH

BUNS
4 Brioches

TOPPINGS
8 reife Zwetschgen
2 mittelgroße süße Äpfel (z. B. Pinova, Gala Royal)
1 El Zitronensaft
1 El Waldhonig
12 Blättchen Minze
4 Tl Kirschkonfitüre
8 Scheiben Frischkäse
1 El Sesamsaat

1| Die Zwetschgen waschen, halbieren und entsteinen. In kleine Stücke schneiden. Die Äpfel halbieren, schälen, vom Kerngehäuse befreien und in Scheiben schneiden. Den Zitronensaft mit dem Honig verrühren. Die Minze waschen und trocknen.

2| Die Brötchen halbieren und die Schnittflächen auf dem Grill oder in der Grillpfanne ganz leicht antoasten. Die unteren Brötchenhälften mit Kirschkonfitüre bestreichen und mit je 1 Scheibe Frischkäse belegen. Das Obst auf dem Käse verteilen und mit der Honigmischung beträufeln. Mit Sesam bestreuen. Das Ganze mit 1 weiteren Scheibe Frischkäse bedecken. Diese mit den Minzeblättchen garnieren. Die oberen Brötchenhälften auflegen und mit je 1 Holzspieß fixieren.

ERDBEER-BURGER

Für 4 Portionen, Zubereitungszeit: ca. 15 Minuten

PRO PORTION
ca. 1132 kcal/4736 kJ, 21 g E, 54 g F, 146 g KH

BUNS
4 Brioches

TOPPINGS
250 g Mascarpone
100 g Naturjoghurt
1 Tl Zitronensaft
3 El Zucker
1 Vanilleschote
250 g Erdbeeren
50 g Puderzucker
1 El gehackte Pistazien
1 El geriebene Vollmilchschokolade

1| Mascarpone und Joghurt mit Zitronensaft und Zucker verrühren. Die Vanilleschote längs aufschlitzen, das Mark herauskratzen und zu der Mascarponemischung geben.

2| Die Erdbeeren waschen und abtropfen lassen. Die Stielansätze entfernen. Die Früchte vierteln.

3| Die Brioches aufschneiden und die unteren Hälften auf dem Grill oder in der Grillpfanne ganz leicht antoasten. Mit der Vanillecreme bedecken. Die Erdbeeren darauf verteilen. Mit Puderzucker bestreuen und mit Pistazien und Schokoladenstreuseln garnieren. Die oberen Brötchenhälften aufsetzen und mit je 1 Holzspießchen fixieren.

Dazu schmeckt eine heiße Schokolade mit Sahne.

★ ★ ★ Männer mögen ★ ★ ★

BURGER

Das ultimative Burger • Grillbuch